志の輔の背丈《せたけ》

立川志の輔

毎日新聞出版

志の輔の背丈

ご挨拶、という名のまえがき

はじめまして、のお客様、はじめましてじゃないお客様、よくぞこの本を手にとってくださいました。ありがとうございます。

当初、出版社さんからの依頼とはいえ、こんなに以前のコラムを本にしていいものか、と驚きました。だって、これは一九九六年から二〇一四年の十八年間にわたり『毎日新聞』東京版・毎週金曜日の朝刊に掲載された「立川志の輔のピーピングふしあなから世間」から、あれも入れたいこれも入れたいと悩みながら何とか七十四本を選んでまとめたもので、ときどきのその時代に思ったことを綴って何とかかんとか締め切りに間に合わせたコラムですから。

世間という現象を、ふし穴からちょっと覗いてみたらこんなでした、という意味合いのタイトルでした。

二十年前、たまたま私の落語を聴きに足をお運びいただいた当時のとうきょう支局長、現在は社長となられた朝比奈豊さんから、落語のマクラ（本編に入る助走部分、世間話）が面白いので、それを活字にしませんかというお申し出がありました。

こちらはしゃべるのが商売、おしゃべりだったらその組み立て方や使う言葉もわかるのですが、はたして週に一度、文章を書けるものかどうかとなかなか踏み切れなかったのを覚えております。

逡巡するうち、待てよと。どうせいつも落語のマクラをつくっているわけだから、このコラムをマクラ作り作業の一環と思えばいいのではないかと前向きに考え、やらせてくださいとお返事したのでした。

社会の中で生きる芸能である落語をしゃべる落語家が、新聞というメディアで、何かしら社会の話題を種に書ければなと。

ところが、実際に始まってみると、週に一度の締め切りの来るのが何と早いこと。このおかげで、見るもの聴くもの、体験したすべてのことにそれまでより意識がいくようになりました。しゃべり脳から活字脳への変換。面白い体験でした。目の前にいるお客様の反応を見ながら口をついて出る言葉と、見えない読者を相手に想像をたくましくして文字を書いていく作業、大きな違いがありました。しゃべりのリズムと活字のリズム。間を「。」や「、」に置き換えて、何度でも修正しながらまとめ上げていく作業。これはこれで新しい発見がいくつもありました。

そんなこんなで、気がついたら十八年間の連載になっていました。

今までここから何冊かの本になりましたが、連載終了後、今までのコラムすべての中から抜粋してベスト本をつくってみませんかというお申し出が。

最初は、はたして昔のものが今に通用するものだろうか、古くさい感じになるだけなのでは、と思いながら、改めて七十四本に編まれたコラムを再読してみたところ、自分で言うのも何ですが、これが面白かった。古びてなかったのです。

原稿の送り方も、ファクスからメールへと変化しました。この原稿があったからこそ、パソコンに必死にかじりつき、一文字ずつキーボードに打っていくことも覚えました。固定電話、公衆電話でしか連絡がとれなかった時代から携帯、スマホの時代へ。

にもかかわらず、人と人の間に流れる心の機微は変わっていないと思いました。あ、これって、落語にも通じる！　と。


そんな私の思いの背丈。

ある年齢までくると背丈は縮んでくるらしい。

まだ伸び続けたい私の背丈。

これまでの背丈で綴った歳時記を、パラパラっと眺めていただければ幸いです。

志の輔の背丈　目次

第一章

世間を見れば

第二章

落語を感じてほしいから

第三章

縁に学んで

装幀　間野　成

第一章

世間を見れば

世間という名の勘違い

世間をお騒がせして申し訳ありません、いったい世間がどう思うかよく考えてみろ、世間をなめんなよ、などとよく口に出す世間という二文字、これは重い。

常に世間を気にして物事を判断してる私たち、じゃあいったい世間って誰と誰と誰？　と考えて指を折ってみたならば、案外、片手ですむ五人ぐらいだったりするんです。世間に迷惑かけるからと言って自殺した人だって、ほんの数人の顔が浮かんで最後の決断をしたんじゃないでしょうか。

世間をものさしにして毎日暮らしてる私たち。でも、そのものさしの目盛りは毎日ちょっとずつ狂ってきてるのかも。

世間をはかるものさしは、テレビなら視聴率、ラジオなら聴取率、タレントの人気なら好感度調査、商売なら売り上げ。そうやってはっきりした数字で物事をはかって安心してるうちに、落とし物、忘れ物が増えてくるような気がします。

私は常々、統計というものにうさんくささを感じてきました。何かだまされてるような気がするんです。納得できないことが多々あるんです。
いい例がバブル経済。土地は値上がりするもんだという噂を数字で流したのは誰なんだ。世間でしょう。みんなはよってたかって、数字に根拠があるように言いふらして、競って勘違いして、結果がバブル崩壊。予言してた人だっていたはずなのに、小さな声が聞こえてこなかった。世間の仕組みがそうなってる。

先日、毎日新聞の記事で、司馬遼太郎さんが二十年も前に現在の土地問題の混乱を予測してらしたことを知りました。銀行がうれしそうに抱えてた担保物件は、千利休が折り紙をつけたから高値になってしまった単なる普通の飯茶碗のようなものだ、と。
この比喩はまるっきり落語の『はてなの茶碗』です。司馬さん、ご存じだったんでしょうか。当代一の目利きが首をかしげて子細に鑑賞していた茶碗を、欲に目の眩んだ男が高値で買い取るが、実は、目利きは水が漏るので「はてな?」と首をかしげていただけのこと、という話。ただの地べたに、いったい誰が「はてな?」と首をかしげたのか。今となってはわからない。この現実のほうがよほど、「はてな?」ですね。新作落語『はてなの地価』でもつくりますか。

（一九九六年六月七日）

携帯電話が「寅さん」を変える

ピロピロピロ。「うん？　今渋谷、もうちょっとでそこに着くからさァ」。ピロピロピロ。「あのさ、さっき話してた件だけどォ、あっ、今信号青、あとで電話する」。ピロピロピロ。「午前中の会議で課長はああ言ってたけどさあ、実はヨシムラ君の情報によると取引先がホントにほしいのはああいう案じゃないらしくて、あゴメン、ラーメンが来た、十五分後まだそこにいる？」以上、携帯電話の会話三本（採集地・渋谷午後三時）。

約束をする時間を約束するための約束の電話とか、超最新情報を交換する電話が多い。ということはピロピロ回数が倍にも三倍にもなっている、ということは、それで時間が少しずつ目減りしてるわけですよね。

この夏、携帯電話でシンガポールやタイからも普通にかかっちゃったのには驚きました。どこにいても二十四時間、即連絡がとれてしまうのって、謎がなくていけない。時間の密度が薄くなりました。

昔は、雪深い富山で、好きな女の子に電話をかけるのに十円玉いっぱい握りしめて公衆電話まで行って、かじかんだ手でダイヤル回したもんでした。カチャッ、カチャッ、と十円玉が落ちていく音にドキドキしながら話すスリル満点の密度の濃い時間がありました。今はトイレ入りながらでも「うん？　今ベッドの中」なんて言えちゃう、うさん臭い仲。

携帯電話全盛になったら、豊かな時間が流れる寅さん物語は似合わない。渥美清さんの死。だからあれでよかったんだ、と思うことにしましょうよ。

四十九作目の台本では、寅さん、柴又商店街の夏の終わりのバーゲンセールの福引きで携帯電話が当たっちゃって、沖縄へ行っても青森に行ってもピロピロ、嫌になって、「おい、そこの若者、流行りのモンをやろう」と仲良くなったイラン人にあげちゃう、そこへ団子屋のオイチャンから電話がかかってきて、「何ですか？　トラ？　私はアリーでございます」。

次のシーンは、莫大な電話代請求書に驚く妹のさくら、そこへ、ふらりと帰ってきた寅。「皆さんがものすごォく便利だとかおっしゃる携帯電話を持ってますとね、私の心の中から故郷がなくなってしまうような気がしましてね」とキザなセリフ。これにＮＴＴから苦情が寄せられて、台本書き直してた最中だった、ということを信頼できない筋から聞きました。

（一九九六年八月二三日）

沖縄県民の「過半数」とは

大田知事と橋本首相がニコニコ顔で会談を終え、お互いに多少いい感触があったらしいと報じられていましたが、私の頭の隅にこの一週間チクリとくすぶりつづけてることがあります。

沖縄県民投票の棄権者、四〇・四七パーセントです。

このイベントをマスコミはこぞって盛り上げ、はたして投票率は何パーセントになるかが関心の的でした。翌日、東京に帰り投票率の結果、五九・五三パーセントを知りました。「過半数を占めた」と報道されていました。

あれっ、えっ、そんなもんなの？　が私の素直な感想でした。だって、それまでのマスコミの騒ぎ具合からいくと、当然、九十パーセントの人は投票所に向かい、基地縮小賛成が九十九パーセントであってもおかしくないというふうな勢いだったから。

みんな、百パーセント－五九・五三パーセント＝四〇・四七パーセントもが棄権したことに驚かないのかなあ、驚いてんの俺だけなのかなあ、とテレビのチャンネルを素早く変えていろんな局のニュースを見てみても、みな、『過半数』の凄さを言っています。

すると、『ニュースステーション』でした。久米宏さんが夏休みだったので、スタジオに立つ小宮悦子さんの傍らに投票用紙と同じ大きさの葉書を投票枚数分、スタジオの床から積み上げると彼女の背丈くらいになりました。そして、隣にも同じ高さの塔が。

「これが、投票しなかった人達の葉書です」

カメラが引いてロングで撮った画面には、ほぼ背丈が変わらない葉書の塔が二本。そうそう、そうだよな、と私はもやもやした気分が少し解消されました。


結果として有権者全体の五三・〇四パーセントという「過半数」が今の沖縄の状態は嫌だと答えた事実はすごいことであるという大前提を踏まえた上で、私の興味は四〇・四七パーセントに向かうのです。

そして、あれだけ投票率にこだわった姿勢を見せていたマスコミが、案外少なかった数字に何のコメントもしないのはなぜなのか。東京にいて、「過半数」という言葉に惑わされて、実は反対も同じくらいいた沖縄の複雑さを突っ込まないのはまずいんじゃないの、と。私の落語を聞いて「過半数が面白かった、と言ってます」くらいじゃあ、私は嫌だ。


（一九九六年九月一三日）

成人式より生誕十周年記念式典を

成人式っていまだに必要なんでしょうかね？

二十歳にもなる大人が一つところに集まって人生の先輩のありがたい話を聞く、というスタイルはもうナンセンスでしょう。何も区や村に揃って祝ってもらわなくたって、個々に自分にあったスタイルで祝えばいいんで。

そういえば、私が成人になったときはどうだったっけ？　すでに東京で一人暮らしを始めていた私は、故郷の富山ではみんなに国語の辞書が配られたと聞いて、教育熱心な真面目な富山らしいな、落語家になりたいなんてやっぱり実家には言えないよな、と。

一度、区の成人式で何かしゃべってくれと頼まれた時の思い出のほうは強烈でした。聞きゃあしない。私語はもちろんのこと、会場を出たり入ったり。「おーい、山田ァ、この間あれからどうしたぁ〜？」。壇上からよっぽど、「その人、山田くん！　あっちであんたのこと呼んでるよ」って教えてあげようかと思いました。その頃、野球選手だった江本孟紀さんがやはり成人式に呼ばれてあんまり人の話を聞かないので、「この田舎者め!」と壇上から叫んだことが差別問題になって、「私は地方人を田舎者と言ったんじゃない。人の話をちゃんと聞けないヤツのことを田舎者と言ったんだ」と答えたという話を聞いて、なるほどなあと感心しました。

長崎のほうじゃ、女の演芸人が手品かなんかをやってたら、成人たちがどおっと舞台へ上がって来て、芸人を胴上げしたらしい。そりゃ演芸をただ見てるより自分も参加したほうが面白いのは面白いですわね。会場では一升瓶飲んでたのもいたっていうから。

それはまだいい。一番寂しいのは、二十歳野郎が携帯電話やPHSやポケベルで呼び出されて全員会場からいなくなってしまったら……。

二十歳を大人が祝ってやろうという偉そうな態度がそもそも時代には合わない。

昔は十五歳で元服という大人を祝う儀式をやったわけでしょう? そうですね、今ならいっそ十歳で、「生誕十周年、ここまでよく生きたな」という記念式典やればいいんじゃないかな。

(一九九七年一月一七日)

事故の通報、遅らす意図って

嫌なもんですね。それ相当に年をとった人たちが揃って頭を下げてる写真を見るのは。動燃事故にしろ、エイズにしろ、根本原因である社会の構図や核そのものが本当に必要なのかどうかを議論しだしたら果てしなくなるので、とりあえず、そこに馬鹿が一人いた、というわかりやすい糾弾ですませるわけですね。

そして大見出しが、「火災通報遅れ三十四分」。何で三十四分も遅れたのかが問題になってる。班長が休暇だった、下請け会社の社員が班長代理を務めていた、保安責任者は、となりの建物にいる動燃職員だった。

こういう言い訳が通用するなら、班長の持ってた時計がたまたま修理に出してるとこで、いつもならすぐ直してくれるはずが、二十年来の付き合いの修理屋の店主が盲腸を患ってて息子が代わりに直そうとしたんだけどあいにくその嫁が実家へ帰ってて冷蔵庫からつくりおきのシチューで腹ごしらえしてから仕事にとりかかろうとしたらそこへ隣の犬が窓辺に干してたクッションの上で日向ぼっこしそうになったんで追っ払ってたら、修理するのが遅れて……だから、悪いのは犬を放し飼いしてる隣の家だ、ということにもなりかねない。

「もんじゅ」の事故のときもそうでした。何で通報が遅れたんだ、と遅れた理由ばっかりが取り沙汰されて。こうなると、わざと通報を遅らせて、追及の手を「遅れ」に集中させることによって大きな問題から目をそらさせよう、という企みなんじゃないかと勘繰りたくなります。

子供がオネショしちゃったんで怒ったら、「だっていつもはおふとんが花柄なのに、今日にかぎってお母さんが水玉模様のカバーをおふとんにかけたから、オネショしちゃったんだ」と言い訳したのと似てる。

それにまた「隠す意図はなかった」という言葉ほど、「隠す意図があった」ことを証明する言葉はありませんね。「隠す意図がなくても隠す意図があったと誤解されるのだから、そう思われないようにあからさまにしたほうが得、という意図」が何でないのかな、と。

いったい本当のところは動や燃？　何で大阪弁やねん。


（一九九七年三月一四日）

ジァンジァンは芸の磁場

渋谷のまん真ん中にある小ライブ空間ジァンジァンが二〇〇〇年で幕を閉じることになったとか。私もここでいろんなステージを見もしたし、やりもしました。

見たのは、イッセー尾形、ビシバシステム、永六輔、中村伸郎、マルセ太郎、ザ・ニュースペーパー、清水ミチコ、伊藤多喜雄……。

やったのは、清水義範原作の新作落語語りおろし、一人コント、ビデオモニターを三台使って録画済みの三人の私と本物の司会役の私が討論するテレビ番組スタイルのコント、わざわざ電話線をライブ一日のためだけに引き込んでいろんな人に生電話、原稿用紙を前に呻吟するポルノ作家、霊感商法を勧める冗談講演会など。もちろん古典もみっちりやりましたが、何にしろジァンジァンはしゃべらせてくれる空間でした。

ハード的には、客席が左右二つに分かれていて、落語なんて最もやりにくいはずなんですけど、それを補ってあまりある空間の持つ妖気がありました。ステージに立つというより、自分の家にお客さんを呼んで、床の間を背に座敷に向かってしゃべるような感じがありました。

百五十人ほどのキャパシティで、入場料は低料金におさえるという方針でしたから、ジァンジァンも演者もお客も三者ともに「精一杯」だったと思います。

誰も儲けてはいない。裏を返せば、だからこそ得も言われぬ熱気が生まれたんです。採算が合わなくてもやりたい、という熱心な気持ちの集まりがライブの醍醐味ですから。お金では買えないソフトウエアです。


今、全国に立派なホールはたくさんできましたが、さて中身が足りなくて使ってない日がいっぱい。そして、税金で建てたホールだから市民に還元するために、市民の稽古の発表会に使われるケースが多いようですが、何か闘いがない。だから、場所に力がないんです。

三十年間、力を注入されつづけた空間ってどんなものか、一度体験してみては？　日ごとにいろんなライブがあります。例えばよそでやる古舘伊知郎さんとここでやる古舘伊知郎さんは違うでしょう。

みんな、そう。お役所がエンタテイメントをやる際に一番考慮しなければいけないのは、この熱気をいかにつくるか。目には見えない、数字にも上がってこない空間の熱気をいかにつくるか。

こんなことを考えてたら、北区王子に二十代のグループが小劇場とサロンの建設準備をすすめている記事。うれしいじゃありませんか。★☆北区つかこうへい劇団も応援するとか。いいスタートです。第二、第三のジァンジァンができてほしい。

（一九九八年四月二四日）

ちょっとしたアイデアを活かしてみれば

重油と聞けば、油まみれの鳥を思い出します。そして、タンカーから流出した油をバケツリレーで処理するボランティアの人たち、岩にこびりついたのをこそげとってもこそげとっても永遠になくならない油油油油油……。

プランクトンが死に、魚が死に、結局は私たち人間に返ってきます。死んでしまった海。あの時ほど、「覆水盆に返らず」という諺を身にしみて感じたことはありませんでした。我が故郷富山名物ほたるいかもどうなることかと大いに危ぶんだものでした。

そんなこともあったので、油を人間の髪の毛に吸い取らせようというアイデアにはびっくりしました。

日本じゃなくアメリカでのお話でしたが。記事のタイトルが「救いの髪」。見出しつけた人はうれしかったでしょうねえ。

アラバマ州の美容師さんが、テレビニュースで油まみれになったカワウソを見て、「カワウソの毛に油がつくなら、人の髪の毛にもつくはず」と、奥さんのパンティストッキングに髪の毛二キロをつめて実験したら、油がみるみる吸い込まれた。これはいけるかもと、近くのNASAマーシャル宇宙飛行センターに持ち込んだところ、専門家からもOKサインが出た。今までの方法だと一リットルの油を処理するのに二ドルあまりかかったのが、髪の毛をリサイクルして処理すると四十セントで済む。そこで、この美容師さん、会社をつくって社長になった。ちょっとしたアイデアです。

クール宅配便ができる以前のこと。業者は、普通車を冷蔵車にする改造経費がかかりすぎて採算がとれないので、悩んでいたそうです。必要な冷蔵車の台数は季節ごとに大きく変動するだろうから、需要台数をよほど正確に把握しないと採算割れになってしまう、どうしたもんか、と。すると、会議の席上、一人の社員がぽつりと呟いたそうです。

「冷蔵庫を、車に積んじゃえば?」

それだ! こんな簡単なことに誰も気づかなかったんです。発想の転換です。

また、東京は新宿のデパート、ここの手提げ袋は、他のデパートの袋よりちょっと大きめにつくってあるそうです。買い物をした人はなるだけ袋を一つにまとめたがる習性があるので、ほんの少し大きめにするだけで常にこのデパートの袋が一番外側になって、宣伝効果満点。

もう一つ感心したのは、発明商品の審査員を頼まれた時に見た、ホースどめクリップ。バケツに水を入れる際、いっぱいになるまでホースを持ってなくてもいいクリップ。まず横から見てバッテン型のクリップを想像してください。その中央、ちょうどバッテンが交差する部分で上半分を直角にねじってみてください。するとバケツの縁にそのクリップをとめて上半分にホースをひっかければ、あら便利、手を放してもOKよ、と。大仕掛けじゃなく、ほんのちょっとした工夫がこらされてるのがいい。

どうせ捨てる髪の毛。アメリカに負けずに日本でも考えましょうよ。昔、おばあちゃんは針山にしてましたけどね。髪の毛から出る油で針が錆びなくていいって。

そう言えば、江戸時代はリサイクル社会でした。人糞は肥料として農家に売られ、長屋の汲み取りの所有権は大家さんにあり、かなりの収入になってたようです。だから、家賃払わない奴がいても住まわせてたんじゃないでしょうか。そこにいる、というだけで社会に貢献してたんですね。

（一九九八年五月一日）

学校へ行かない理由

今年の春にこの欄で「不登校新聞」について書きました。それを見た同新聞の編集者から一九九九年新年のインタビューに出てもらいたいと言われ、何も知らない私がはたして何かしゃべれるかと思いながら、でも一児の父親としてその新聞にも興味があったもんですから、お会いしました。

いらした方は、実際に不登校になった娘さん二人の父親で、逆にこちらがインタビューさせてもらいました。

子供が学校へ行きたくないと言い出した時、最初は「世間と違うこと」に目が行くばかりで、叱ったり、叩いたり、何とか学校へ行かせることばかり考えていたそうです。何でウチの子だけがヨソと違うのか、違うことに腹が立ったと言います。その時はとにかく子供が間違ってるのだと決めつけていた、と。しかし、よく考えたら世間なんていったい誰と誰なんだ、いったい誰のために自分にとってかけがえのない子に怒ってるんだと。子供が一番なんだと。自分の子供を私が守ってやらなければ他に誰がいるんだと気づいたときに、まっすぐ子供に向かい合い、偏見をなくして子供の話にじっくり耳を傾けてみれば、子供は間違ってないことに気づいたと言います。

「こんな簡単なことに、四十過ぎてやっと気づいたんですよ」

不登校ではみ出した子供、そして私も会社をやめてはみだしてこんな新聞づくりを始めました、今はかつてのように娘が学校に行かないことを残念に思ってないんです、残念なのは不登校という子供に駄目レッテルを貼って、不幸な位置づけをしてしまう世間のほうなんです、と。

こんな話も聞きました。ラジオ局に寄せられる年々増える声……毎朝会社へ行ってタイムレコーダーを押し、車の中で日がな一日ラジオを聴いて、夕方に会社へ帰る営業担当のサラリーマン。この不況でモノなんか売れやしない、毎日毎日外歩きで嫌になって……。ラジオはこんな人たちの心のオアシスになっている。

不登校、出社拒否。揃って、増えている。

一年間に三十日以上欠席した子を「不登校児」と呼ぶそうで、文部省の発表では現在十一万人近くいて、年々一万人ずつ増えてる。少子化にもかかわらず、です。正式に発表されてる数字の奥にはどれほど多くの子供が潜伏してることか。憲法によれば、親には「その保護する子女に普通教育を受けさせる義務」らしいのですが、そんなに行きたくない学校なら行かなくてもいいんじゃないの？

こういう問題は個々の事情があるから大きい声では言えないけど。自分の場合を振り返ってみれば、学校に何の疑問も抱かずに通ってたのは、あんまりものを考えなかった子供だったのか。学校は行くもんだと思ってた。さして面白くもない話を毎日毎日何時間も座ってよく聞いてた。今ならとてもとても。ギャグも何もない話、しかもわからない話を。でも学校はわりと楽しかったから。

今、学校へ行かない理由の第一位は、「学校と合わない」。この中には、いじめもあるでしょう、嫌な先生がいるというのもあるでしょう、授業についてけないというのもあるでしょう。うまく言葉にならない複雑な事情がこの理由から汲み取れます。

子供を個性豊かに育てよう、と口では言いながら、画一的なことを要求してる。一般的な世間から外れることが長所になる場合もある。それをわかってやれるのは親しかいない。少なくとも何かにぶつかってることはたしか。

何かと格闘してることはたしか。そんな子供たちに、落語はいったいどんなふうに受け取られるのか、聞かせてみたくなりました。

（一九九八年一二月一八日）

江戸のサマータイム

俺もしゃべるの、好きだねえ、とつくづく思います。昨日、久しぶりに四時間半をラジオでしゃべりつづけて、さらに夜は横浜で落語会。二席しゃべってさらに打ち上げでまたしゃべるというおしゃべり野郎です。

そんな私も、天候が不順で体の調子が今一つはっきりしません。体がどう反応すればいいのか、迷ってるんでしょうね。そこで、サマータイムを復活させようという提案が国会で出されてる。えっ？　ってことは、日本にもサマータイムがあったわけ？　とびっくりです。

そもそもは、イギリスで一九〇八年に、昼間が長い夏は早く起きて早く寝るほうが灯火の節約にもなるし、日光に長く触れて健康にもいい、というところから日光節約法案が議会に提出され否決された。でも、ドイツが経済上の理由から一九一六年に夏時刻法を採用、オーストラリア、オランダ、デンマーク、イギリス、が続いたそうです。現在ではアメリカ、ヨーロッパ、カナダ、など五十ヵ国がサマータイム制を導入。体にいいってことだろうか。

で、日本でも一九四〇年、燃料節約の上から問題になるも立ち消えになり、一九四八年には何と夏時刻法が制定され、四年間、採用されてたと言うじゃありませんか。農家の反対にあったらしい。夏のだるいときに労働時間が増えた日にゃかなわん、ってことかなあ。

今までの朝の八時が、夏になったら九時になる。頭で八時だ、と思って起きてもホントは（冬の感覚で言うと）体は七時。季節による時差体験を経験するわけです。

そんなんだったら、落語の舞台である江戸時代はすごいです。時間をずらすとか何とかじゃなくて、一時間の長さが、冬と夏で違うんですから。

日の出を明け六つ、日の入りを暮れ六つと呼び、明るい時間を六つに区切り、暗い時間も六つに区切る。区切られたひとかたまりの時を一刻と、子の刻とか丑の刻とか呼んでました。人の生活を主体にした合理的な時の決め方のような気がします。これを、不定時法というそうですが、そもそも数字できっかり時間を分けるのって、機械に合わせんがためでしょう？　この江戸の不定時法は、案外、いいような気がする。体がだるい夏の一時間は長いから昼休みはたっぷり取れるし。えっ？　長いこと働かされる？　……そうなるか。でも、時間なんてのは概念だから、人間が誕生したあとからできたわけじゃない？　その、あとからできたものにふりまわされるのはどう考えたっておかしい。

要は、今は結局、機械に人が合わせて動いてるということ。いまさら、不定時法にもどれないでしょうねえ。

何かね、悔しいわけよ。

リストラで、ものすごく働く人を雇って、あんまり働かない人のクビを切って、という考え方をちょっと変えて、みんなが少しずつ働く、不定労法みたいなのは……やっぱり駄目でしょうねえ。

それはそうと、落語会は、絶対暗くなってからのほうがいいわけ。沖縄でまだ日の高い農作業可能な時刻に開演したってお客さん来やしない。お客さんが揃ったのは夜の八時。開演午後八時。でもこれが正解でした。だってこの時間にならないと、落語やる気にも聞く気にもならない。娯楽って時間も含めて環境づくりから入らないといけないってこと。

（一九九九年五月二一日）

著作権法と「見えない著作権」

先週、奈落の底からせり出して高座に上がるという初めての体験をしました。なぜそんなことになったのかと言うと、新国立劇場オペラ劇場で開かれた、著作権法百年記念会主催の「著作権法一〇〇年」というイベントに参加したからです。

司会は堺正章・小堺一機、出演者は赤塚不二夫、水前寺清子、清水ミチコ、日野皓正、雪村いづみ、ミッキー・カーチス、山下洋輔、渡辺えり子（以上、敬称略）、とにかく名前をあげればきりがないくらいすごいメンバーが集結、特に音楽中心の舞台では絢爛豪華なステージが繰り広げられました。私は仕事も忘れ舞台の袖でじいっと見つづけていました。

著作権の会ですから、当然、「すべての音楽には著作権というものがあり、これをつくった人たちの権利を守ることは新しい文化を産むことにもつながる」が主な趣旨で、その著作権に守られてきたこの百年のヒット曲が次から次へメドレーで歌われるという夢のようなステージ。

そんな中で私はどんなことをやったかというと……。

案内された奈落の底には畳一枚が用意されていました。

羽織袴姿で、落語家としては由緒正しいスタイルで一人座って待っていると、頭の上で華やかな舞台が進行しているのが感じられます。今まで、登場までにこんなに緊張感が高まったことはありませんでした。いつもなら、「どんなお客さんだろう？　用意した話ははたして受けるだろうか？」という心配だったのですが、「ホントにうまく上へあがっていくのだろうか、私の場合にかぎって何かが故障して、何かがプツンと切れたり、ガリッとひっかかったり、ピタリと止まったりするのでは？」と、話の中身とは関係ない心配が頭の中を駆け巡りました。

司会の「それでは志の輔さん、どうぞ！」で畳が動き始めました。

アラビアンナイトの魔法のじゅうたんに乗った気分、は言いすぎか。上がるにしたがってステージが顔の前を下がって来る。お客さんの目には私の姿がどの時点でどのように映っているのか、何せ初めてのことゆえ、推測できない。あっ、拍手だ、ということは見えてるということだな、でもまだ動いてるぞ……、あっ止まった、じゃあもうしゃべってもいいってことか？

「みなさん、こんばんは、立川志の輔です。今までいろんなとこで落語をやりましたが、縦に登場したのは初めてです」ドワッ。

ホント、いつもは横から登場してるんだもの。

バックに古今亭志ん生師が映し出されたスライドをしょって、落語と著作権についてしゃべったのですが、よくよく考えてみれば、この日、私は一番場違いな出演者だったでしょう。なぜなら「落語には著作権がない」からです。

私たちがやる古典落語は、師匠あるいは兄弟子から教われればそれで自分のものになるという伝統があります。落語はほとんどが作者不詳。一席やるごとにどこかにお金を払い込まなければならないということがありません。ですから、大学の落語研究会でも一般の方でも自由に落語ができます。この会の趣旨とはまったく逆の状態が、落語の世界です。自由だったからこそここまで広まったということも言えます。

でもそこを、この会の趣旨に合わせて考えてみれば、もし落語の世界にも著作権があったなら……。私が『文七元結』をやるときに三遊亭円朝師にいくらかでも払い込まなければいけないとしたら、これは大変。もっと違う角度からためつすがめつ『文七元結』を考えたでしょう。著作権を払わなくてもすむように、志の輔版『文七元結』を必死で考えるかもしれない。

でも今はせめて、本題に入る前のマクラの部分は自分でつくる。現代にも通じる名人上手が残したマクラがあっても、です。

この世界には、著作権こそないけれど、暗黙のルールはあります。人が考えたギャグやシャレはむやみやたらには使わない。それは、何とはなしの芸人の意地みたいなものです。いくら何でもそこまでは真似できない、という意地が、形にはならない著作権なのでしょう。

（一九九九年七月三〇日）

横向きで便利を思う

アッパレ、と空に向かって叫びたいくらいの快晴。が、私は横向きになっていろいろつらつら考えてて……腰痛。

生放送を一週間休むなんて、何年か前の盲腸以来です。蓄膿になったときもそうだったけど、何にしろわりとフウンと鼻の先で笑われましたね。たいしたことない病気っていうイメージがあるらしくて。だって、辛いのよ、盲腸の手術を受ける前の麻酔のつらさ。そして顔の半分がどおんと重くて何も考える気にならない蓄膿。花粉症はその時期だけだけど、ずうっとこの重い感じがある蓄膿ってつらいよね、と、なってみて初めてわかる嫌ぁな感じ。

で、腰痛。ポピュラーだから、みんないろいろ言ってくれちゃうんだろうな。運動、それなんだろうなあ。わかってはいるんですが。

それにしてもご迷惑をかけている皆様、ごめんなさい、と腰を曲げずにお詫びいたします。お詫びもエラそうになってしまう。

そうだ、横になって落語をやってみるのも新しい落語の形の発見になるかも、と提案してみたんですが、事務所の反対にあいました。横向きだからこそできる落語もあるかもしれない。人類が二本足で立ったことがそもそもの間違いなんですから。体勢に無理があるんだ。横向きが常識の社会に、たまたま縦になっている奴が現れて差別されるっていぅ落語は？　しかし、これはどうも私のキャラクターじゃないみたいだし。それ用の新作をつくる時間もないし。

人と人の会話は、顔を左右に向けることで表現する落語のルールを、業界では「カミシモをきる」と言うのですが、横向きだとはたしてどうなるのか。ジョウゲをきると言うのだろうか。古典だと、私はいいとしても、お客さんが、こちらの妙なかっこうに慣れなくて、話に集中できないでしょうね。

落語の挑戦と言えば、逆回転落語というのを昔やったことがありますよ。しゃべりも動きも逆にするの。そのビデオを知らない人に見せたい、というスタッフもいて、今日の会でやっちゃうとか言ってたけど……。大丈夫なのか、ああ、心配、動きたい。

中高年の男性の八割近くが月一回以上、コンビニを利用しているという記事が出ていました。コンビニと結婚しているみたいな男性、多いです。深夜、寂しくなったらコンビニへ行くというの、多いもの。だんだん、いろんな便利がそばにやってきてる気、しません？

昔、近所で電話を借りて物事を伝えてました。郵便局から電報を打ったり。遠くまで衣料品や食料を買いに出かけました。それが、今は電話もそば、日常生活の必需品はコンビニでまかなえてしまう。

落語やコンサート、航空券のチケット購入がコンビニでできることをあまり知らない人が多く（五十六パーセント）、大半の人がこれからの利用を希望しています。で、この次は、インターネットで予約時代になりますよねえ。だんだんもっともっと、便利がそばにやってくる。ほら、動かなくなる。

やむをえず動かざるをえなかった時代から、意識して動かなきゃいけない時代になってきてる。でも、本質を今一度考えるにはいい。コンビニがあればしなくてもいい結婚なら、しなくてもいいわけで。電話一本ではとれない予約チケットを手に入れるために、人は並ぶのがうれしいいし。

ときどき、人は不便がほしくなる。でも、今は私、動きたーい。

（一九九九年一〇月二二日）

遊べる占い

ピカチュウに夢中だった息子が、今は何に夢中かと言うと「動物占い」。一緒に本屋へ入ったら、レジ脇に積まれた小冊子を指さして、「あれ、買って！」。安そうだし、本に興味を示すのはいいことかと「相性動物占い」というのを買ったら、そのあとが大変。まずは自分を占い、母親を占い、おばあちゃんを占い、おじいちゃんを占い、そして私を占う。小さい手に小さい本を持って、「パパはね……くくくっ、当たってる当たってる」と笑い転げてうなずいていています。

てっきり、どうせ子供だましの占いなんだろうと私も手に取り読んでみたところ、この何というか文章の書き方がうまいの。現代的なんですね。

今まで占いと言えば、金は儲かるか、恋愛はうまくいくか、というのが相場でした。ところがこの「動物占い」が現代的である一番の要因は、人間関係の処理の仕方をサジェスチョンしてくれるところ。そういえば、子供でも大人でも、悩みで一番多いのが、学校や職場での人間関係。身の上相談でも、最後には法律的に財産をどれだけ分与するかという具体的な問題になるにしろ、たいがいはそれ以前の人間関係がまず最初に悩みとしてある。だって人間関係がうまくいっていたら、お金でもめることはないわけですから。

ちなみに私は「コアラ」だったんですね。

「ぼーっとする時間がないとがんばれない」

おーい、事務所、聞いてるかぁ？

「昼間はおとなしく、夜になると元気がいっぱい」

「動くのが面倒なので、まず計算してから行動」

そうなんだ、先のことを計算して動く俺は頭がいいと思ってたけど、単に動くのが面倒だっただけなんだ……と、おいおい、これって完全にはまってるじゃないか。

占いを絶対に信じない人もいて、それには二種類のタイプがあります。

すべてを人のせいにする人と、すべてを自分のせいにする人と。

数日後、動物占いに「当たってるのよねー」と感心する人があまりに多いのに驚いていたら、上には上がありました。「家電占いも当たってるぅー」だって。

何それ？　好きな家電製品を言って、その趣味嗜好からその人の性格を割り出すわけ？　と聞いたら、こちらもちゃんと生年月日から割り出す。占いという情的で旧式なものに、家電製品という無機物で新式のものをぶつけたこのセンスに、私はあやかりたい蚊帳つりたい、です。すいません、驚きのあまり言い古された落語ギャグを使ってしまいました。春です。蚊帳はまだ吊りたくないです。

ちなみに私は「懐中電灯」でした。

「超マイペース、いつも寝てる」

これじゃあほんとにコアラだ。適職は「フレックスタイムの仕事」だって。落語家、まさにフレックスタイム。私、「電池」さんと相性がいいらしいのです。電池さんにいやされる懐中電灯。まさに。

ここまで占いで遊べれば言うことない。占いという名に形を借りたゲームです。

さあ、私はこれから、冷蔵庫さんの主催者が開く、ビデオさんが受け付けの、携帯電話さんと掃除機さんが経営する会社、の講演に出かけますが、はたして、お客さんは電池さんが何割くらいいてくれるんだろう？

（二〇〇〇年二月四日）

キューバを旅して

はい、私がキューバ帰りの落語家です。

「何でまたキューバなの?」とよく聞かれました。行く前も、帰ってきてからも。だって、今、ヨーロッパやアメリカに行って来て、その様子をお話ししてもあまり喜ばれないような気がしましてね。

それと、やはり映画『ブエナ・ビスタ・ソシアル・クラブ』の影響もありますわねえ。映画の中で、ライ・クーダーが座った椅子にも、座ってきました。映画に出てきたスタジオのピアノで「猫踏んじゃった」も弾いてきました。あそこいらあたりを歩いてもきました。ホントにみんな歌って踊ってんの。

キューバと言えば社会主義国。社会主義国と言えば朝鮮民主主義人民共和国・北朝鮮。そこへも行ったことがありますが、明らかな違いは、とにかく陽気なこと。

メキシコからキューバへ入って、CD屋さんへ。

日本なら、ある期間、特に力を入れてるもの以外のCDは縦に並べられていて、背の細かい文字を苦労して読みながら探しますが、キューバではみんなぺたっと横になって並んでいます。ジャケットがよく見えて選びやすい。そらそうだ、全部で百枚くらいしかないわけだから。一枚よさそうなCDをカンで選んで、通訳を通じて「これを聴かせて」と頼むと、小さな携帯CDプレーヤーでかけてくれました。スピーカーから大きな音で、サルサがことのほか陽気に流れてきます。

と、ミニスカートでタンクトップの女性店員がサルサ踊りを始めました。そのかっこいいこと。映画を見てるみたい。で、私のほうを見る。「あら、こんな音楽を聴いて、どうして踊らずにいられるの?」という目で。「えっ?」と目で私。と、踊りながら私の前へやって来て、「ほら、あなたも踊るのよ」とのお誘いです。

気がついたら、私は一緒に踊りながら、CDを四枚抱えてレジの前に立っていました。

町にはホントにかっこいいモデルのような男と女が歩きまわり、昔、ネタづくりのために読んだハーレクインロマンスのワンシーンを見るようでした。

街道筋には二百メートルごとに男や女が一人で立ってる。何をしてるのかと思ったら、ヒッチハイク通勤をしてるのだそうな。実際、親切に乗せてくれる人がいるんだと言うから治安のよさにも驚きでした。

工場労働者の一ヵ月の給料が百八十ペソ、約二ドル。五ペソで家と光熱費がまかなえて、病院代はタダ。老人ホームもタダ。食料は配給。こういう生活だから、どの人の顔を見ても卑しさがない。親切でおしゃべりで、人とともに生きてる、という感じがいっぱいでした。これじゃあ、歌って踊るしかないでしょう、ってか。

ほんの二日間、それもハバナだけを駆け足で見た私に何がわかるか、とも思いますが。八月からは日本↓キューバ直行便が四機、飛ぶそうです。

観光という点においては、バリのように素敵なところ。でも、ハバナの交差点には、「帰っておいで、エリアンくん」の大きな看板が。

キューバからアメリカに密入国した難民ボートの転覆事故で生き残り、政情の不安定さを表すシンボルのようになったエリアンくん。親類と父親の闘いは、まるでアメリカとキューバ、資本主義と社会主義の代理戦争のようでなんとも痛ましい。いっそ、日本に来るか？

（二〇〇〇年四月一四日）

羽咋《はくい》のスーパー公務員

『金持ち父さん 貧乏父さん』という本がベストセラー入りしています。子供の側からの視点をタイトルにもってくるなんて、痛いとこ突いてくる。

でね、金持ち父さんは最終的に何が一番したいか、と考えていて、別荘を持つとか酒池肉林を楽しむとか、すごい芸人のスポンサーになるとか、いろいろありますが、これからは「月へ行く」というのも目標の一つになるらしい。

米実業家のデニス・チトー氏が約二十三億四千万円を支払って宇宙旅行に四月出発予定。具体的には、ロシアの宇宙船ソユーズTMで国際宇宙ステーションに向けて一週間程度の宇宙旅行。

「宇宙と学校をインターネットでつないで子供たちの質問に答えたい」とチトー氏。

すごい、ロシア、さすが、なんて言ってる場合じゃありません。

日本も実はすごいんです。

先日、私は、大きなロケットが立っている入り口のあるホールで落語会をやったんですが、そこはあたり全体が「コスモアイル羽咋」と名づけられた、石川県羽咋市市営の宇宙科学博物館でした。

会の始まる前に館員の説明を受けて博物館を見てまわる私。

最初は、正直、展示されているものはすべてレプリカだと思っていました。「ここにあるのは本物です」と説明する人が言うまでは。

ソ連製の、大気圏から突入したときの摩擦で表面が焼けてしまっている本物のカプセル。通信衛星。アポロ司令船。ボイジャー惑星探査船、ＬＵＮＡ24号月面着陸船などなど。

「ボイジャー探査機なんてよく借りられましたね？」

「はい、これはＮＡＳＡから百年単位の契約で借りてきました」

「百年!?」

「はい。ＮＡＳＡで契約するときに向こうの人が何年ぐらい借りたいのか聞いてきたので、私、冗談っぽく百年と言ってみたんです。そしたら、その意見は面白いって、ＯＫが出ました」

「それ、いったい誰が交渉に行ったんですか？」

「私です」

「じゃあ、あの入り口に立ってるロケットは?」

「あれもレッドストーンが打ち上げたロケットの一段目、二段目の本物です」

だからロケットの腹にUNITED STATESって書いてあったんだ……。

館員の説明はさらに続きます。

「ここにあるルナ月面着陸船はロシアから買ったものです」

「嘘でしょう? だってロシアにしたら国宝みたいなもんでしょう?」

「これについては苦労しました。時期がよかったんでしょうか。ちょうどロシアのKGBに知り合いがいて、譲ってもらえそうな気配があったので、契約についてはアメリカでやりたい、と申し出たんです」

「どうして?」

「だって、もしロシアで契約してもあとで反古にされてしまうかもしれないから。だから、まずはロシアの国外に移して、NASAで本物だと確認してもらった上で、この宇宙船を分解してトラックに載せて、港へ向かって走り出したのを見た直後に、小切手をロシア側に渡したんですよ」

「それを誰がやったんですか?」

「私です」

「あなたはいったい何者?」

「羽咋市の職員です」

「つまり公務員?」

「そうです」

「とにかく本物の博物館をつくりたかったんです。数は少なくても私は本物だけを集めたかった。でも業者を通して集めたら一億のものが十億になってしまう。予算がないので自分でやるしかないと。運がよかったんです」

「さぞや市民は自慢でしょう?」

「いえ、それが五年になった今も、あまりその価値をわかってもらえないみたいです。でも、百年後にこのすごさがわかってもらえればいいんです」

　こういうスーパー公務員もいることを皆さんにお知らせしたくて。


（二〇〇一年二月二日）

バーチャル感覚の行方

さすが夏休み、と思う瞬間はいろいろありますが、レンタルビデオ屋の最新ビデオの棚に中身のないパッケージだけがずらりと並んでいるのを見たときもそうです。

そんな中でようやく残っていた一本が『バーティカル・リミット』。半年前のロードショーを見逃していたところだったので、ちょうどよかった。

あらすじは、雪山登山で遭難した妹を兄が救うというもの。まだ見ぬ人のために細かく書くのは控えますが、コンピューターグラフィックのすごさに驚き、「これは映画館で見たかったなあ」としきりにため息。大型テレビに買い換えようかと迷うほどの迫力。

が、逆に、コンピューターグラフィックなどという言葉すらなかった頃の『八甲田山』の、別の意味での凄さを思います。

両方の凄さを見比べる夏休みの過ごし方、というのはいかがでしょうか?

さて、お盆になると毎年、スケジュールとにらめっこをして富山に墓参りに行くのが常なのですが、「ネット墓参り」までが現実に現れたのには驚きました。

インターネットで墓参りをすませてしまう。パソコンの前で両手を合わせている人を笑ってはいけません。

さらに「e葬儀」なるものまで現れ、遠方のために葬儀に出席できない人たちがバーチャルに葬式に参加する。香典も香典返しもネットバンキングの引き落としですませる。

そう言えば、正月の日の出の御来光や月食、流星群、花火見物、をネット上で体験するのもありました。

たしかに、こうすれば安全は安全。

ところが、バーチャル少女暴走族が現れて、留学を理由に脱退しようとした少女が、こちらはバーチャルではなく現実にメンバーからリンチされるという事件が起きました。メンバーのほとんどはバイクを持たず、路上を暴走した体験もなかったのに、気持ちを一つにするというバーチャル気分だけは知らず知らず現実のものとなっていた。何で、何で？

ネット上のバーチャル感覚って、ブレーキがきかないのではないでしょうか？

現実のほうが、言葉以外の情報を互いに汲み取れるので、まあまあ、ということになるのではないでしょうか？

言葉は妄想を際限なく膨らませます。全国で三十人もの少女がネット上で書き込みをして、気合を入れ合っていたといいますから、ひょっとしてその想像力を落語体験に生かしてくれればよかったのに。言葉だけでそんなにエキサイトできるなら。

数年後は「ネット同窓会」が花盛りになるでしょう。

ネット法事、ネット結婚式、ネットデート、ネット保育、ネット卒業式……。

「お前らは知らないだろうけど、お父さんの時代はこんなふうにお葬式をしてたんだよ」と伊丹十三監督の『お葬式』を子供に見せながら、懐かしむのです。

「ええっ！　ほんとに全国から飛行機や電車に乗って集まってたの？　それ、マジ？」

なんて言われて苦笑する未来の私。

いやあ、こうなると「会う」などという贅沢ができるのも、今のうちかも。

（二〇〇一年八月一〇日）

高座で停電事件

落語家生活二十二年、いろんなことがありました。

高座でしゃべってる途中で地震が起きたこと、ハエが顔のまわりを飛びつづけたこと、最前列のお客さんが突然立ち上がったこと、酔っ払いが大きな声で騒いだこと、公民館の九時を知らせる大きな鐘が鳴り響いたこと……。せっかく落語世界にお客様を引き込み、さあ、これからというときに起こる無慈悲な事件の数々。

しかし、今までで最大の高座事件にぶつかりました。

それは、故郷富山県の高校時代の同級生から頼まれた仕事でした。主催は、彼の得意先の社長。

会場であるホテルの大広間に、折り目正しくスーツ姿で座る若い社員たち百五十人。緊張感をみなぎらせる彼らを見て、自分のサラリーマン時代を思い出しました。

最前列には社長をはじめとして、要職にある方々がずらりと着席。こういう席順はやりにくいなあ、と長年のカンが私にささやきます。

時事ネタを含めたいろんなマクラをふってはみても、どうにもノリが悪い。お偉いさんの反応を気にして、後ろに座る一般社員は気軽に笑うことができません。もちろんそこはプロ、硬い空気をそこそこ柔らかくはしたものの、私としては納得がいかない。

そういう状況の中、十五分くらいたったでしょうか、いきなり会場が真っ暗に。

停電です。

客席からは「おおおー」という驚きの声があがり、次の瞬間、私の口をついて出た言葉は、

「何だ、ここは北朝鮮か!?」

これに反応してどっと全員が笑ったとたん、客席が一つになりました。

こうなったらしめたもの。暗闇の中では、社長もヒラもありません。何か言葉を発するたびに、爆笑につぐ爆笑。お客様の一人ひとりと私が、マンツーマンでつながったようでした。真っ暗な一部屋から爆笑が聞こえてくるのを、他の部屋の人たちはどんな思いで聞かれていたことでしょう。

ほどなく電気がつき、暗さに慣れた目に、煌々と照らされた会場のまぶしかったこと。照れくさいほどの明るさです。

「落語に最も必要なのは、ライトでもマイクでもないことがよくわかりました」

と言い終え、高座を降りましたが、いつまでも続く笑いの余韻……。

落語に必要なのは、そう、集中力。

実は、主催は時代の最先端をいく通信会社でした。原始的な暗闇の力に、社員は何を感じ取り、笑っていたのでしょう。

こんなトラブルを味方にした体験のあと、次なる珍トラブルは何だろう、とドキドキワクワクしながら、今日も新宿でライブです。

（二〇〇五年一月二一日）

新作落語、初映画化の快挙

年金から介護、ふるさと納税など、切羽詰まった身近な問題が迫り、いよいよ、地方自治体が真価を問われる時代。各市町村主催の落語会に呼ばれ、全国を巡っている私ですが、その対応は千差万別です。

開演前に楽屋にあいさつに見える主催者の場合は、市の長所を挙げながら、「難点を言えば」と前置きして短所も説明、そして、「今日は一つ市民を楽しませてやってください」と、短時間で少しでも地元を理解してもらいたいという熱い思いがびしびし伝わり、そうなると、私もよしがんばるぞ、と気合が入ります。

そういうところは、終演後も「いま、お客様を出口で見送ってきたんですが、みなさん実にいい笑顔で帰っていかれました。ありがとうございました」と涙が出るようなうれしい言葉。

そんな方がいるかと思えば、会場に到着した途端に何か気の入っていない雰囲気が漂い、案の定、主催者のあいさつどころか影も見えず、間に入るプロモーターがいるときはまだしも、結局、最後までどこが主催していたんだかわからずじまいということもあります。

こういうところに住んでいる市民や町民は不幸だなあ、と常々感じていて、この憤懣《ふんまん》やるかたない思いを落語にしたのが、二〇〇四年パルコの高座でかけた「歓喜の歌」です。

おおげさに言えば、官対民の対立とも言える内容です。

あらすじは、やる気のない公民館員が、ある年の大晦日にダブルブッキングという大失態。年に一度、「歓喜の歌」を歌うのを楽しみに、家業や主婦業の合間に練習につぐ練習を重ねてきた二つのママさんコーラスとの攻防がくり広げられ……。

ぜひ、生の落語で聞いてもらいたいのですが、これが何と映画化されることになったのです。プロデュースしてくれるのは『フラガール』でおなじみ、シネカノン代表・李鳳宇さん。監督は『東京タワー　オカンとボクと、時々、オトン』の松岡錠司監督。

出演は、小林薫さん、安田成美さん、藤田弓子さん、由紀さおりさん、など錚々《そうそう》たるメンバー。撮影台本を読んでいると、映像が浮かびあがり、思わず笑っている自分がいました。

『幕末太陽傳』のように古典落語をベースにしてできた映画はあれど、新作落語が映画化されるのは初めてとか。快挙。

何か誇らしくも、うれしい気分です。

ヒッチ・コックばりに私も通行人ぐらいで出ることになるのか、と今から勝手に緊張しています。

（二〇〇七年六月二二日）

学力テスト一位、秋田県の秘密

小学生に学力テストをしてみたら、秋田県が第一位。

油断していた隙を突かれたような感じです。漠然とではありますが、学力なら情報量の多い都会か、そうじゃなければ長野県か富山県だと何となく思っていたんです。

この秋田一位のニュースを、偽装だらけで、身近な商品に信用がおけなくなる暗いニュースが続くなか、明るくもっていこうとワイドショーが苦心していました。

なぜ秋田県が第一位だったのか？

これはきっと「きりたんぽ」が頭にいいんじゃないか？　家族全員が鍋を囲み、今日あったことを話し合う。日々の会話の積み重ねがコミュニケーション能力を高める。コミュニケーション能力とは、相手の話を理解する能力。つまりテストの設問の狙いをしっかり理解できる読解力の向上につながり、しゃべることは、話の要点をまとめ相手にわかりやすく伝える構成力と表現力が培われることになる。

いや、「きりたんぽ」もそうだけど、秋田の年中行事「なまはげ」も重要な要素ではないかとワイドショーは言います。「泣く子はいねがー」と怖いお面をかぶって各家を訪問するなまはげ体験を持つ子供たち。

「親のいうことをきかない子はいねーかー」

「ピーマン食べない子はいねーかー」

なまはげに怒られないようにしないと、と言う小さい頃の体験が、規律正しい生活習慣を身につけさせているのではないか。


秋田に住む友人が冗談で言うには、悪い点数をとると、答案用紙になまはげハンコがどかんと押されるのだとか。先月は五ナマハゲだったけど、今月は三ナマハゲに減ってよかったなあ、なにお前は百ナマハゲなの？　先生に口答えしたんだろ、というのが学校帰りにする友達同士の会話だそうです。まさか。

親のお手伝いをしぶっていると「なまはげがくるよー」と叱られて育つ子供たちは、「勉強しなさい」と言われれば、なまはげ怖さに素直に従うのかも。

ガッテン。

けど、地元の子供たちがインタビューに答えていたのは、「遊びに行くところがあまりないから、ウチで予習復習をするからかなあ」

ガッテン、ガッテン。

よくおわかりで。こういう自己分析ができる賢明なところ、やはり、なまはげが影響していると、おじさんは思うがなあ。

そのほうが面白いしね。

（二〇〇七年一一月二日）

空の彼方でＵＦＯが笑う

アメリカで突如、ＵＦＯ問題がクローズアップされているとか。

空軍パイロットの経験をもつ元アリゾナ州知事は、一九九七年にＵＦＯを目撃したそうで、アメリカ政府にＵＦＯの調査を再開するよう要請。次期大統領候補もＵＦＯを目撃したと、候補者討論会で発言。

何でこの時期に？　四年前に読んだ記事を思い出しました。大統領選が近づくと必ずＵＦＯ問題が持ち上がり、それには理由がある、と。

あれほど広大な地域にあれほどの雑多な人種が住み、生活レベルも違えば思想も違うそんな人々をまとめるには、仮想敵をつくるのが一番手っ取り早い。そこで、世界の具体的な国名を挙げれば、ある種の人たちの票は取れても、ある種の人たちの票は取れなくなる。はたしてどんな価値観をもつのか、いるのかいないのか、曖昧模糊とした存在を敵視もしくは不思議の対象として掲げ、みなの心を一つにするには、ＵＦＯは恰好の素材だということです。

国の安全は、国に住む者みんなが望むこと。反対のしようがない。こうして安全確保という錦の御旗の下に、国防費が増えていく。

私は、UFOに関して特別な意見は持ち合わせておらず、漠然とこんなふうに考えています。他の惑星に生命体がいるとすれば、そろそろ地球とコンタクトをとりに来るんじゃないか。いや、高度な飛行船をつくれるような賢い生命体なら、ちょっと覗いてみただけで、地球とは付き合わないほうがいいと判断するんじゃないか。

やっかいな問題をたくさん抱え込んだややこしい地球を一瞬に理解する利口な生命体は、面倒なことには関わりたくないから、すぐにどっかへ飛んでってしまうんじゃないか。でも少しは気になるからときどき様子を見に来てるんだろう。

選挙戦を有利にするべくUFOを種にするなんて、笑止千万とカンラカラカラ空の彼方で笑っているかも。

今朝の新聞は、アメリカが北朝鮮への態度を軟化させたと報じています。

さあ、そうなると着々と次なる一手を考えている北の国のことが浮かびます。

賢い生命体よ、いい解決法があれば、何らかの方法で教えてよ。

（二〇〇七年一一月一六日）

故郷のチンチン電車で車内アナウンス

富山県高岡市と旧新湊市をつなぐチンチン電車、通称「万葉線」の車内アナウンスを吹き込んできました。

地元の方言も少し生かしてこんな具合です。

「本日は万葉線をご利用いただき、まことにありがとうございます。声の車掌は、わたくし立川志の輔が務めさせていただいております。次は射水市新湊庁舎前、射水市新湊庁舎前でございます。左手に見えてまいりましたのが、新湊高校、そう、わたくし立川志の輔の母校なんです。甲子園でミラクル新湊の異名もとりました野球部、今年も甲子園めざしてがんばってくだはれ。お降りの方は、お近くのボタンでお知らせください。次は射水市新湊庁舎前でございます。お忘れ物ございませんようにねえ」

万葉線の名前の由来は、あの万葉の歌人大伴家持がこの地に赴任して数多くの歌、たとえば「朝床に　聞けば遥けし　射水河　朝漕ぎしつつ　唱ふ舟人」などを残したからだそうです。

一時は、この線を廃止するバス代替案も出ましたが、町の風景として馴染んだ情緒あふれる万葉線、何とか残したいという地元の気持ちが実り、存続することになりました。そしてこのたび、高岡市長から発案されたのが、週末にこの地へ観光に訪れる皆さんに富山弁のニュアンスを交えた車内アナウンスを流したらどうだろう、というものでした。

私が幼い頃、ぶつかって新聞記事にもなった思い出のチンチン電車です。

高岡駅前から始まって、末広町、片原町、坂下町、本丸会館前、広小路、志貴野中学校前、市民病院前、江尻、旭ヶ丘、荻布、新能町、米島口、新吉久、中伏木――、往復五十の駅名を読み上げながら、アドリブも入れたりするうち、それぞれの駅にまつわる小さな頃の何やかやがよみがえり、ジーンとしてきました。一つだけ読めなかった駅名「荻布」も。オギノウと読むそうです。

楽しいボランティアでした。七月から流れるそうです。ぜひ富山へ行かれた方、万葉線に揺られながら、のんびりした時間をお過ごしください。

撮影スポットのご案内や、私の実家に近い駅もアナウンスしております。

アイデアあふれる富山、変わったね。

（二〇〇八年六月一九日）

まくらは限定のツイッター

ツイッターというものが流行しているらしい。この書き方ですでに私が乗り遅れていることが露呈しています。

この単語を初めて耳にしたのは、ラジオ番組のゲストでいらした加藤登紀子さんからでした。

「志の輔さん、私のフォロワーから始めればいいのよ」

「フォロワー？　何ですか、それ？」

「私がネット上でつぶやくから、それに返事してくれればいいのよ」

「つぶやきに返事ですか？」

「たとえば私が、いま家に帰りました、ってつぶやくじゃない？　そしたら、志の輔さんが、私はまだ帰ってません、とかつぶやいてくれればいいのよ」

「何、いったい、それでどうなるの？」

「どうなるとかそういうことじゃなくって。じゃあ、たとえば、今日は冷蔵庫にニンジンとジャガイモとタマネギしかないけど、どうしようかな？　と私がつぶやいたら、じゃあ、カレーにすれば？　とかいろんな人がつぶやき返してくれるのよ」

「えー、そんなの別につぶやかなくっても。みんなでそんなにつぶやき合って、で、いったい、誰が儲かってるわけ？」

「誰が儲かってるとか、そういうのはないと思うよ。そういうふうに考えてるとツイッターにはなれないわよ」


こういう会話があったのが二ヵ月前。

その後、ちょっと気にして見てると、まわりの人間がどんどんつぶやいてるらしいことがわかってきました。

好きな人はやればいいし、興味のない人にとってはどうでもいいことです。

私は、自分の性格上、ツイッターはおよそやらないだろうなとは思うものの、どういうものかは知りたいタイプなんです。で、現時点における私の結論は、「落語のまくらは限定のツイッターだね」。

普段の会話でつぶやきたくなることを落語会の当日まで大事にとっておいて、時間と場所が限られたお客様の前でつぶやく。返事は、「笑い声」。

笑ってもらえたら、「そうそうそのとおり」というフォロワーの声が聞こえたようなもの。笑わなければ、「それはちょっと違うだろう」という意思表示。

生のフォロワーを前に大きめの声で、少し練ってオチをつけて、お客様につぶやいてから、それにちなんだ落語を演じる。

今日もこれから、チケットを買って私のつぶやきを聞き、つぶやき返してくれるお客様のために、新幹線に乗るのです。なう。

（二〇一〇年五月一四日）

ネーミングは難しい

私も弟子に名前をつけるのに苦労していますが、ネーミングってホント難しいですね。自身、師匠談志から「志の輔」という名前をもらったとき、えっ、と思うくらい違和感がありました。これで一生、いくのか？　と、喜びより不安のほうが大きかったのです。若いお客様がくださったアンケートの中には『しのほ』ですか？」というのもあったくらい。「輔」は読めない。たまたま永六輔先生がいらしたので、「永先生のスケです」と説明できたから助かりましたが。

明石家さんまさんも、師匠から「お前は、さんま」と芸名を告げられたとき、芸人やめようかと思ったそうです。それが今では、ご存じのとおり。

つまり、名前は本人がつくるものです。

二〇一五年、私の故郷富山県の悲願「北陸新幹線」がいよいよ開通の運びとなりました。私も、さまざまなイベントに出演を依頼され、盛り上がりの一助を担う予定ですが、この車両のネーミングが「かがやき」に決まりました。

これが思わぬ論議を呼んでいるそうです。というのも、公募した名前の一位が「はくさん」なのに、採用されなかったから。

「加賀行き」をもじったんじゃないの、とか、二〇〇八年の「長野かがやき国体」と関係があるのかとか、臆測が飛び、またこれは初めて知ったことなのですが、鉄道のネーミングには格があるのだそうで、鳥の名前や天文事象が上の格なんだそうです。

白鳥、はやぶさ、つばめ、あけぼの、カシオペア、北斗星が思い浮かびます。その次の格は山、川の名前と続くそうな。


落語『寿限無』は、子供がいい生涯を送れるよう、和尚から教えてもらった縁起のいい言葉を全部つけて長くなりすぎて困った話。

今や、全国的に小学生がすらすら早口言葉のように言えるくらいに有名になりました。

また、銀行の合併により、どちらの会社も名前を残したいがために、「三菱東京UFJ」など、なが〜い名前になってしまって、今に『寿限無』のように、すべての銀行名がプラスされてさらに長ーくなったら、いっそ「銀行」という名前にしたらどう？ というのは冗談で、落語のマクラでしゃべっているのですが。
さて、「かがやき」が本当に輝くかどうか、列車の魅力をいかにアピールできるか。
決まった上は、フレー、フレー、フレー！

（二〇一三年一〇月一八日）

いっそ希望的メニューなら

一昔前の落語家の、代表的な最初の言葉は、「え――毎度、馬鹿馬鹿しいお笑いを一席」というものでした。思うに、以前の世間には真面目な空気が流れ、「息の詰まるような思いの毎日」が続くがゆえに、たまには寄席にでも行って馬鹿馬鹿しい話を聞く。これがストレス発散になっていたのです。

ところがどうでしょう。言うまでもなく、いや書くまでもなく、日を追うごとに「偽装の告白」や「誤表示の報告」が増え、一つ一つの言い訳がこんなに馬鹿馬鹿しいと、面白すぎて、私ら落語家の商売はあがったりです。

どうしてくれよう。

こうなると、最初に偽装が見つかり、苦しまぎれに「誤表示」という新語を考え出し、火に油を注ぎ、ついに責任をとって辞職したホテルチェーンの社長などは、「何だよー。みんなやってるんだったら、あんなに早々に辞めることはなかったなあ」と思ったとしても不思議じゃないぐらいの連鎖反応。

最初は怒っていた人たちも、偽装の経緯を知るにつけ、もう笑うしかない段階にきています。発言を要約すると「当初は『手しぼり』していたのですが、あまりに手がかかるので『百パーセント・ジュース』に切り替えました」とか、「初めは稲庭うどんを使っていましたが、茹でるのに時間がかかりすぎると思っている矢先に、『稲庭風うどん』に出会いました」などと、コントみたいな言い訳。

また、それを紹介するワイドショーも大上段に振りかぶりすぎて、「芝エビではなく、バナメイエビだった。いったいエビに何が起こっているのでしょうか?」なんて。

違いますよ。エビには何も起きてはいませんよ。

事件は人間に起きているんですよ。

そりゃね、ありますよ。タイトルに「爆笑」とついているお笑い番組でも、爆笑できない番組だってありますし、私らの業界でも、「○△名人会」とついてはいても、「出演者全員が名人か?」と問われれば、答えに窮しますよ。でも、これは勢いをつけるために「こうあれかし」「こうだったらいいな」という希望的なタイトルだから許されるんですよね。だって、芸や笑いは見る人によって感じ方が違いますしね。

そうか。「希望的メニュー」だったら許せるんですよね。

でも、メニューが長くなるなあ。

「お客様、『芝エビだったらいいのに』はいかがですか?」


（二〇一三年一一月八日）

第二章

落語を感じてほしいから

目指せ、お笑い金メダル

何年たっても絶対実現不可能だろうと思われるのが、「お笑いオリンピック」。優劣を決める尺度がない。

日本でライブで落語を語り、笑ってもらってる毎日ですが、もし海外でウケたらうれしいでしょうね。

一度、海外で負けた！　とものすごく悔しかったことがあります。シルクロードの終点、東洋と西洋の文化がまざりあうイスタンブールでの出来事。雑多な言語が飛び交う市場の一角で一人の男がしゃべっていました。簡単にしつらえられた舞台の上で勢いよくポンポンとしゃべり、回りをとりまくいろんな人種の人たちをそれぞれに笑わせているのです。

フランス語もあったでしょう、英語もあったでしょう、アラビア語もあったでしょう。男が一言しゃべるたびに、あるグループがワッと笑う。その言葉がわかる人達だけが笑う。そして、笑ってる人たちをネタにして、違う言語で他のグループをまた沸かせる。

そのうち、男は日本人グループの私たちに舞台に上がれと手招きしました。私たちを指差して何語かでしゃべり始め、ドオッと一部で受けています。いつもは笑わせる側の私が、笑われてただそこに立っているしかなかったのは、実に情けないというか、悔しいというか、腹立たしいというか……たぶん、「こいつら、遠い国からイスタンブールまで遊びに来てるらしいけど、きっとそのカネ溜めるために朝から晩まで休みなしで働いたんだぜ。エコノミック野郎たちめ。あれ、みんなチョンマゲはつけてないね」くらいのことは言われてたんじゃないでしょうか。「ニホンノウタ、サクラネ」と促されて、歌わされて、拍手されて、降りてきたんですが、完全にボケ役に徹するしかありませんでした。

小学校が週休二日制になると言いますから、これからは日本の小学生、今から練習して、パソコンのインターネット上ででも、思いっきり、海外の人を笑わせられるようになってもらいたい。そうなって初めて、国際的視野が広がった、ということになるんじゃないか。

目指すは、お笑い金メダル、です。

（一九九六年七月二六日）

ペレストロイカが変えた笑い

ロシアの平均温度は十九度だと聞いて行ったら何の何の、半袖持ってけばよかった――。二十八度もあるの。モスクワでも、元レニングラードのサンクトペテルブルクでも、みんなティーシャツ着て歩いてた。

そして、ホテルへ入って一番目にやることとは、冷蔵庫のコンセントを入れること。二番目にやることとは、買ってきたビールをじゃんじゃん放り込むこと。だって外じゃ冷えたビールが飲めなーい。氷がなーい。私にとっては地獄の日々。こんなことガイドブックには載ってなかった――。

物を買うための行列もなかった――。ロシアへ行くと言うと、ソ連通の友人が、「四年前に俺が行ったときは、折りたたみ傘が大人気と言うんでスーツケースに忍ばせてったら、税関で全部取られちゃった」とか、「パンスト持ってったら、泣いて喜ばれた」「マルボロを手にタクシー止めたら、それ一箱でどこまでも行ってくれた」といった話を得意気に語ってくれた。が、今回、物は街にあふれていた。

クレムリンの前の高級デパートにはシャネルもグッチもあった。ハンバーガーも一個千円（生活実感値段）と高いけれど、売ってたし。

じゃあ、ペレストロイカがあって何が一番うれしかったか、現地のコーディネーターに聞いてみた。

「そりゃ、自由にだれとでも何でもしゃべれることです。天国みたい。ソ連時代の小噺にこんなのがありますよ。宿泊予定のホテルの一室に入ったある男、まず盗聴器がどこかに仕掛けられてないか入念なチェック。一つどうしても気になったのが、電気スタンドのコンセント。ん、怪しい。試しにコードを抜いて、かがんで、コンセントに向かって言ってみた。『コーヒー一つ！』。三十秒後、『お待ちどうさま』とボーイがやって来た」

そうか。じゃあ現在のロシアの笑いはどうなっているのか、落語家として気になる。

寄席のような場所へ行ってみた。客席が緊張しながら笑ってる。そりゃそうだ。以前は笑うことは不謹慎だったのだから。

終演後、ロシア人特有の鋭い目つきの、やせたパバロッティのような漫談家に、通訳を通して質問してみると、

「俺たちにとっちゃ、今は試練のときだね。ペレストロイカ以前は、体制批判をネタに笑わせてりゃよかったのに、今、みんなしゃべるの自由だから、俺たちがしゃべることに笑わなくなっちゃってさ」

国の変化は笑いを変える。ロシア語ができたら言えたのに。

「日本なんかもっと大変だぜ」

それより、日本に来たことがあるロシア人の質問に私は一番笑った。

「日本の子供って公共の場でも何でも騒ぎまくってうるさくて、それが大きくなったらみんな同じ顔になっておとなしくなるのはなぜだい？　ロシアじゃ、子供は礼儀正しくておとなしいだろ？　でも、それが大人になると酔いどれになってうるさくなるのはどうしてだと思う？」

（一九九七年八月八日）

落語と社葬を結びつける人柄

富山県である会が終わったときのこと。「今日のビデオ、撮ってますか？　それダビングしてわけてもらえないでしょうか？　私のときもこんなふうにやってもらえればいいなあ、と思ったもんで。息子や娘に見せておきたいもんで」という方が何人も受け付けに。

これ、実は、富山県民会館ホールで行われた、日本海ガス前社長の社葬が終わったあとの話です。

風邪から肺炎を併発して亡くなられた前社長は、実にユニークな方で、あれは五年前のことでした。落語が終わって楽屋にいると、「志の輔くん、君の後援会に入るにはどうしたら入れるんかい？」とやって来られたのが、初めての出会いでした。以来、何十回となく落語会に足を運んでいただいて、楽しいお話をいっぱいうかがいました。

打ち上げの席でだったか、ゴルフコースを回っていたときだったか、私が、「講演会や落語をやってて最後のほうになると、これで言い忘れたことはなかったかな、といつも気になるんですよ。帰り道で思い出すと、夜眠れませんからね」と言うと、「私は言い忘れなんてないね、絶対に漏れはない、ガス会社の社長だから」と答えて、それはそれはうれしそうに笑われました。

この方が書かれた『猿のたわごと』という本に、「鳴かぬなら鳴くのを探そうホトトギス」という言葉があります。

鳴かぬなら殺してしまえと言った過激な信長、鳴かしてみせようと工夫の秀吉、鳴くまで待つじっくり型の家康、の政治姿勢を言い表す言葉としてよく引き合いに出されますが、一羽のホトトギスにこだわらずに鳴かないのはほっといて、さっさと別の鳴くホトトギスを探しに行くなんて、合理的で現代的な経済人だと思いません?

社長がユニークなら社員もユニーク。

社葬で落語をやってもらえないか、と副社長から言われたときは驚きました。故人が好きだった『死神』をやってほしいと言われても。きっと草葉の陰で喜ぶはずと言われても。

悩みながら迎えた、当日。司会の地元放送局の有名アナウンサーと、しめやかではあるけれど暗くはならない社葬にしよう、と意見が一致しました。

ダンディなあごひげをたくわえた遺影が、菊花に囲まれて会場を見渡しています。「泣かんでええよ、ちょっと先にこっち へ来たわ」とでも言いたげに。

全員黙禱のあと、故人のビデオ映像が流されました。病院から抜け出して子供たちのクラシックコンサートに駆けつけ、「夢をもって生きなきゃ」としゃべってる元気な様子。次に、やはり病院から駆けつけた社長に楽屋で花束をもらったという神崎愛さんのフルートとピアノの演奏がしめやかに流れました。

終わって、出囃子がテンテケテンテンテンと陽気に流れるとぐっと空気が変わります。出囃子の力ってすごい。上手《かみて》に、客席に向かって斜めに用意された高座に、私が上がります。開口一番、「え〜、私、こんなふうに斜めに高座に上がるのは初めてです」と言うとどっと笑いが。ほっとしました。

こうなると、あとは大丈夫。故人が好きだった小噺をしゃべると、葬式だということも忘れて、千人近い参加者がみな笑う笑う。中にはウケないのもあって、「ですよね、こういうダジャレは社長も好きじゃなかったです」でまた笑う。「ね、社長!」と遺影に語りかけるとまた笑う。しめやかで暗くないお葬式になりました。

生まれて初めての体験でした。

故人の魅力が「落語」と「葬式」を難なく結びつけました。冒頭に書いた反応が成功の証拠。私はすごい人とお付き合いさせてもらってたのだ、と今更ながら感動しています。

これからはその人にあったいろんなスタイルのお葬式があっていいんです。

一つ、社長に聞き忘れて心残りなこと。

「私、社長に探してもらえたホトトギスのうちの一羽だったでしょうか?」

(二〇〇〇年三月三日)

邦楽の魅力を届ける「志の輔らくご番外編」

二十日はいい酒を飲みました。

毎月、新宿明治安田生命ホールで「志の輔らくご二〇〇〇年は二十日」という奇妙なタイトルの落語独演会をやっているのですが、六月はお休み。というのも、下北沢本多劇場で、二十六、二十七日に独演会をやるから。こっちは、トークと一人芝居と落語という三本立て。で、新宿のほうは、前座の落語と、私の落語二席という構成。特色は、開演一時間前に開場して、ロビーでは軽食と飲み物をご用意。だって、勤め帰りにお腹をすかせた状態では、落語に集中できないですものね。

さらに、ロビーでは古典空間さんの協力を得て、邦楽生演奏もあり。三味線、琵琶、琴、尺八など、普段なかなか聴く機会のない音色に耳を傾け、落語を聴くリラックスした態勢をつくってもらおうという趣旨です（でも、私はいつも楽屋にいるから聴けないの）。

落語を鑑賞してもらうのではなく、落語を娯楽として楽しんでいただきたい。とにかく落語のサゲの解釈がどうだったというような、評論家のような目ではなく、毎日のライフスタイルの中に組み込んでもらって、一ヵ月の句読点になればいい。ここへ一ヵ月に一度来れば、気持ちが楽になって家路につける。そんな会にしたいと。

せっかく押さえてあった六月二十日ですから、じゃあ、いつもロビーでお世話になっている演奏家たちを舞台にあげてしまおう、そうしたら私も聴けるし、という企画が持ち上がりました。題して、「志の輔らくご二〇〇〇年は二十日番外編・平成邦楽亭」。

いやあ、迫力ありましたよぉ。邦楽の魅力を堪能しました。

邦楽と言えば、ユーミンだってドリカムだって「邦楽」。だから、琴とか三味線は「純邦楽」と言うらしい。

そういえば私がまだ学生の頃、石丸電気に行って、「落語のレコードはどこにありますか?」と店員さんに聞いたときの答えは、今でも忘れられません。

『効果音』のところへ行ってください」って。

二十日は、杵屋邦寿と松永鉄九郎「伝の会」の長唄三味線のかっこいい合奏で始まりました。続く、みやざきみえこと藤原道山「イーストカレント」の琴と尺八のアンサンブルのよさ。これでピアソラやアランフエス協奏曲なんか奏でちゃうんですから。そこへもってきて、茂戸藤兄弟と関口範章の三人和太鼓「ダクト」の迫力満点太鼓パフォーマンス。高校生の追っかけがキャアキャアやってました。

休憩後は一転、空気が変わって、坂田夫妻による薩摩琵琶と尺八演奏「鶴の恩返し」が始まると、物語に引き込まれた観客は水を打ったようになりました。終わるやいなや、感動の拍手にまじって外国人のブラボーという声援までとんで。さらに、再度、伝の会が「吉原風景」を三味線で奏で、最後は和太鼓との合奏。

いやあ、面白かった。

えっ？　私は何をしたかって？

何を聞くんですか、私がいたからこんな会が成立したんだって。どう考えても、三千五百円ではもったいない会でした。私は、個々の演奏者たちの生の声を引き出して、お客様が演奏に親しみをもって集中しやすくなるような役割を果たしましたよ。

いつも、落語をやるばっかりだけど、いいパフォーマーをプロデュースするのって楽しいだろうなあ、と今回の古典空間の人が羨ましくなっちゃいました。

うーん、あれはどう考えたって、最低八千円の会だった。ホウガク、そうか、邦楽は私たちにとって宝楽だったんだ……。

（二〇〇〇年六月二三日）

ものづくりの気分あふれる劇場とは

私も全国いろんな場所で落語をやらせてもらっていますが、こんな理想的な空間が北海道にあるとは思いもしませんでした。ドラマ『北の国から』で、ラベンダーで、ワインで、スキーで、そうそう北海道のヘソというのもありましたね、富良野。

宮沢賢治じゃないけれど、「北に魅力的な空間があれば、すぐに出かけて落語をやり……」の私としては、噂を聞けば、出かけないわけにはいきません。

行ってきました九月一日。

その名も「富良野演劇工場」で落語をやるのは、私が初めて。いわば、落語の柿落としです、と言われればくすぐったくもうれしく、のびのびと語らせてもらいました。

収容人員は、落語にちょうどいい三百人。「工場」の名のとおり、建物の四分の三が、大道具小道具をこしらえたり衣装を作ったり打ち合わせをしたり稽古をするための空間として作られていて、富良野演劇工場創造役でもある倉本聰さん率いる演劇塾もあります。

運営は、「ＮＰＯという市民活動の非営利団体あるいは営利団体」。いわゆるボランティアシステムです。建物の石積みから市民が参加してやったそうで、そうなると愛着も湧きますよね。市民による市民のための市民の劇場。

ライブ当日は、駐車場の整理も、ロビーでコーヒーを売る人も、手作りのサンドイッチやおにぎりを売る人も、ホール担当も、みなボランティア。広い北海道のいたるところからやって来るお客さんたちをもてなそうという気持ちが建物全体にみなぎっています。

今やインターネットを使って全北海道は言うに及ばず、全国へ発信、自分たちの活動のプロセス、結果を届けています。

ものをつくるいい気分が満ちあふれています。本来あって当然の「ものづくりの原点」を感じさせてくれた空間でした。

もちろん、そんなですから落語をやってもとてもいい気分。終わって言われました。

「志の輔さん、今年の年越しはここでしませんか?」

「えっ、どういうことでしょう?」

「去年はここの劇団のお芝居で、夜中十二時になったときに、お客様と一緒に表へ出て雪の中でろうそくを持ちながらみんなでカウントダウンをして、また芝居に戻るということをやってみたんです。いやあ、感動でしたよ。今日のステージを見せてもらって、今年は落語で年越しというのをやってみたい、とスタッフが言うもんですから」
「面白そうですね、一緒に考えましょう」
さあ、どうなりますか。

最初にやりたいことがあって空間があとでできる、というのがものの順序なのに、今、残念ながら全国には、空間が先にできて、やるものをあとから探していく建物があちこちにあります。

新聞紙面では毎日、特殊法人がどうしたこうした、郵政事業民営化問題の記事が新聞紙面を賑わしています。郵便の組織だって最初は、人の便りを早く安全に届けてあげて人に喜ばれよう、という気持ちからできたものだったのでしょうに。

（二〇〇一年九月七日）

北朝鮮に置いてきた志ん生落語全集

朝鮮民主主義人民共和国（北朝鮮）と言えば、一人の青年のことが思い出されます。一九九五年、アントニオ猪木さんが十六万人入るスタジアムで戦うことで有名になった「スポーツフェスティバル」が開かれた期間、私はこの謎の国に向かいました。

名古屋から飛行機に乗り、平壌空港に降り立つと、あたり一面は暗く、明るいのは唯一、巨大な金日成主席の肖像画に当てられたスポットのまわりだけ。自己紹介をしてみると、実はみなマスコミ関係者だった私たちを乗せたバスは、真っ暗な農道を猛スピードで首都平壌に向かいました。何をそんなに急いでいるのだろう、というのが北朝鮮の第一印象でした。

巨大なホテルロビーにはやはり巨大な金日成主席と金正日総書記の肖像画が飾られ、そこで私たち全員のパスポートが集められたときは、さすがに全員がシーンとなりました。もちろん帰国の際には返してくれるのですが、外国で自分を証明するものがなくなったわけですから、不安がおこるのは当然です。

さて、金日成主席の銅像前で記念撮影をすることになりました。

団体写真だったのですが、私はただ正面を向いている写真じゃ面白くないと、銅像と同じポーズで片手を挙げました。すると、今まであんなににこやかだった北朝鮮の添乗員が突然、「不謹慎な行動があったので、このフイルムは預かります」と言われ、唖然。

ところが翌日、「党の幹部にこのことを報告したところ、皆さんの楽しい旅の思い出を台なしにしてはいけないから、フイルムは返却するように、とおっしゃってくださいました」のお詫びの言葉とともに、バスの中で、うやうやしくフイルムをおしいただいての返却となりました。

町を歩くカップルは、男性はスーツ姿、女性はチョゴリ姿がほとんど。不思議なのはみな無言だったような。

巨大な図書館には、それぞれの階に五十人以上の人たちが読書に勤しんでおり、みんなヘッドホンでテープを聞きながら日本語の勉強中。みなが同じページを開いてまるで授業中のような雰囲気でした。

スタジアムで見たマスゲームは圧巻の一言。五万人の一糸乱れぬ完璧な演技。この裏にはどれだけ練習が。したのかさせられたのか、その膨大な時間を思うとあまりの見事さに不覚にも涙がこぼれたことを覚えています。

人間業《わざ》とは思えない完璧さ。これを世界中の観光客に正々堂々と見せられたら、彼らの苦労はどんなにか報われるだろうに、と。

四日間の旅行中、静かな町なかで聞いた肉声は、遊園地で母親に「あのアヒルのボートに乗りたいよ～」とでも言っているのでしょう、子供の言葉だけだったような。


三十八度線、板門店の緊張感。

そうだ、この国は戦争中なのだ、と実感した記憶。

今、日本語を勉強中と言っていたあの添乗員は、私があげた文庫本の『志ん生落語全集その2』をまだ持っているだろうか、読んだんだろうか。日朝会談のニュースをどんな思いで聞いているのだろうか。


（二〇〇二年九月二〇日）

満月の日に、落語を能舞台で

一昨日、夜空を見上げた方、いらっしゃいますか？　見事な満月でしたね。

その七日、二年前から念願の「満月の会」第一回目が、ついに青山の能舞台で実現の運びとなりました。

月に一度、満月の夜に落語会をやってみたい、と思い始めたのは、沖縄で聞いた漁師さんの言葉が発端でした。新暦と旧暦を併用している沖縄のカレンダーについて尋ねたときのことです。

「私ら、旧暦で漁をしてるようなもんだな。七月一日にあがる魚は、いつでも七月一日。どんなに異常気象でも、魚は旧暦で生きてるらしい」

旧暦とは、太陽と月の動きから割り出した、太陰太陽暦。月の満ち欠けを基準に定められた暦は、生き物の体と密接な関係があるそうです。

月の影響を受け、地球の表面が満潮や干潮になれば、体の六十パーセント以上が水でできている人間だって、月に影響されないわけがありません。満月の日に出産が多く、半月の日には交通事故が多いというデータも出ているとか。

では、人の感情がハイテンションになるという満月の日に落語をやってみれば、いったいどうなるか、私もお客さんも月に浮かれて酔い心地……となるかどうか。

しかも、会場は、青山の銕仙会《てつせんかい》能楽研修所。


落語家生活二十年になりますが、それは「場」を探しつづけてきた二十年でもありました。

この能舞台なるものに初めて足を踏み入れたとき、すでに能楽の「気」が全空間に満ちていて、落語には不似合いという感じでした。いざ、座布団を置いてみても、やはり落ち着きません。ワイドに広がる空間、真っ正面の柱、背中はスースーします。

でも、だからこそ逆に、いったいどうなるか続けてみたい誘惑に駆られたのでした。

落語にお誂え向きではない空間で志の輔らくごを試してみたい、という誘惑。いずれ、きっと面白い空間、時間にしてみせる……。

とは言っても、お客様から入場料をもらって私の実験にお付き合いいただくのも気がひける。

そこで、私の落語に加えて、京都から「茂山家」の皆さんをお迎えして狂言、さらに対談付きという構成に。

茂山家の千五郎さん、千三郎さん、逸平さんによる狂言『千鳥』が始まると、舞台は一挙に室町の世界。でも、よく考えたら私は楽屋でこの狂言をモニターで見るしかないことに。お金払って、前へ回って見たかった。

対談コーナーでは、おしゃべりの上手な千三郎さんに驚きました。それもそのはず、京都ではラジオパーソナリティーも務めていらっしゃるとか。

この企画の推進役にもなってくれている雲龍さんの笛の音が、心地よい緊張感を醸し出します。

舞台のバックに描かれた松の木に神様が降りてくるんですよ、という雲龍さん。見守られながら落語を終えて外へ出れば、青山の空には満月が煌々と輝き、雨男返上の一夜でありました。

（二〇〇四年一月九日）

文楽落語、驚きのコラボ

久々に「想定外」のライブを体験しました。「想定外」という思いを抱いたのは、お客様だけではなく、演者である私自身にとってもスタッフにとっても「想定外」の、いわば事件と呼んでもいいようなことが起こったのです。

そう、先日の本多劇場での「志の輔らくごｉｎ下北沢ｖｏｌ．12　文楽篇」のことです。

当初は、私の落語独演会に文楽の方をお招きして、トークで盛り上がり、文楽人形の魅力をお伝えできれば、くらいのことを考えていました。早々とチケットを買ってくださったお客様も、その思いは同じであったろうと思われます。

ところが、出会った人形遣いの吉田一輔さんという方が、東京で落語を見に来るお客様に文楽をお見せできる機会をくださるのであれば、どうせならと、どんどん夢はふくらみ、本多劇場に櫓を組んで『伊達娘恋緋鹿子』（八百屋お七）を本格的に見せたかと思えば、休憩を挟んだ後半では、何と私が義太夫を語ることにまでなってしまったのでした。

最初は落語『猫忠』で始まり、このまま落語が続くのだろうとお客様が油断したその隙に、猫が「実は……」と人間をだますことになった経緯を告白する場面から、一気に文楽の舞台へ。早変わりでカミシモをつけた私が語るその節に合わせて三味が鳴り、合いの手が入り、母親猫、父親猫、二匹の子猫、魚屋の親父の文楽人形が跳んだり跳ねたり、バックに雪の積もった野原の幕が下りるや、猫の親子の涙の別れに。

で、このあと、再び落語場面に転換、義太夫から落語家になった私がサゲへ進むという、手前味噌で言えばスペクタクル。

いま思い出してもよくやったと思います。

開幕するまでの、先が読めない緊張たるや半端じゃありませんでした。

本音は「見切り発車」「土俵際のうっちゃり」「結果スペシャルＯＫ」「瓢簞から駒」「なりゆき」……。ところが、文楽落語合体舞台がお客様の目の前に現れるや、ええ！　まさか！　嘘！　信じられない！　といった空気が舞台に座る私にビンビン伝わってきました。さあ、こうなると私もノルノル。

私が言うのも何ですが、想定外の興奮の坩堝。坩堝なんて漢字をこんなところで使うことになろうとは……。

お客様からは、人間よりも人間らしく感情表現をする文楽人形に感嘆の声が続々。
義太夫があるからこそ、命が吹き込まれる人形の切なさ、はかなさ。
「キリであけた穴からどんどんイメージがふくらみました」
「こんな大舞台、ここかぎりじゃもったいないです。あー目が覚めた」

文楽と落語と義太夫の日本初（つまり世界初）のコラボ、いま一度、という呼び声高く、私も落語『寝床』の素人義太夫よろしく、私の語りに合わせて人形が動く快感を知ってしまい、しかし、最初にこんなすごいステージができてしまうと、さて、次回はどうすりゃいいの？　と、移動の車の中で義太夫の節で口ずさんでいる私。

ああ、こわ。

（二〇〇五年六月三日）

パルコ、正月一ヵ月公演に挑戦

私事で恐れ入ります。パルコ一ヵ月公演の、いよいよ最終日にこれを書いております。身が引き締まります。

追加公演を合わせれば二十四回公演、乗り切りました。一ヵ月間、ずっと東京にいつづけたことも初めてであれば、一万二千人のお客様を相手にしたのも初めてです。

人数だけのことを言えば、武道館で一回やればよかったのに、となりますが、落語だからそうもいかない。第一、私がつまらない。

ライブの醍醐味は、私の作品を鑑賞いただくのではなく、毎回、違うお客様をお迎えし、公演ごと瞬間ごとに新たな呼吸をつくっていく楽しみにこそ、あるのですから。

今となっては、初日の一月三日が遠い昔のように感じられます。

変化しつづける時間を過ごしていると、時間の濃密度が増すものなのですね。

パルコ劇場の舞台のすぐそばにある楽屋は、ほとんど私の自宅状態。畳を敷き詰め、テープルに椅子、愛用のパソコンにラジカセ、本や新聞、布団に枕、たくさんの差し入れやらお花やらが所狭しと並び、そこで横になり、時間がくれば舞台へ。目の前には満員のお客様。

これって何かに似ていると思ったら、動物園？　熊かパンダかシマウマも、きっとこんな感じなのかな。

大雪というビッグイベントもありましたが、昔から雨男と言われた私なのに、ほぼ快晴が続き、恵まれた条件の一ヵ月でした。

何といっても病気で休演という事態を避けられたことと、何とか声がもったことが、ありがたかった。

こうして一ヵ月を乗り切れたのは、やはり総勢五十名のスタッフの気持ちからもらったエネルギーのおかげです。毎日マンネリ感漂うことなく、一瞬ごとに変化する照明や音のきっかけ、背景を開けたり幕を下ろすタイミングに真剣に取り組む姿に、私のほうが励まされました。

ただただ感無量。

過去九年間に創った作品のリバイバルと今年のためにつくった作品、合わせて十二作品を高座にかけたわけですが、思いがけなかったのは、数年前の作品がまったく古びていないことでした。その年を反映させてつくったものが、今でも通用したのです。

変わらない人間の本質を押さえていれば、年数を経ても古く聞こえないのですね。


本日は昼夜二公演後、スタッフ打ち上げに突入。先日、「志の輔さん、来年は二ヵ月ですね」などと恐ろしいことをささやかれましたが、冗談ですませられない響きがあるから怖い。

現在の心境は、最高にしんどかった、でも最高に楽しかった。

抜け殻のようになる明日からが怖い。

まだいっぱい残ってる今年をどうしましょう……。


（二〇〇六年一月二七日）

鶴瓶師匠の即席豆知識に爆笑

全国で落語公演を開く機会が増えましたが、やはりうれしいのは、故郷の富山県の方たちが笑ってくれること。

二十二年前に、定期的に志の輔らくごの会を始めたころは、苦労したものでした。私も下手でしたから。これはウケるだろうとしゃべっても、はたしてこれに笑ってもいいんだろうかと、互いに左右を気にしている客席。富山には、一緒に笑うという習慣があまりなかったのですね。回数を重ねるごとに、あ、笑ってもいいんだと徐々に気をゆるしてくれるようになったお客様。こうなると、落語は双方向コミュニケーションですから、舞台と客席に一体感が生まれ、相乗効果で笑いが増幅。

ところが今や、富山県民は大の笑い好き、と認識を新たにさせられたのが、今年で四年目になる「越中座」。富山出身や在住の芸人、歌手などが年に一度集まって落語や奇術や歌で楽しむイベントです。

去年は、立山根雪・ドカ雪と称した謎の漫才師（実は八尾出身の柴田理恵さんと滑川出身の室井滋さん）が目玉。で、今年は初の県外からのゲスト、笑福亭鶴瓶師匠をお迎えしました。

昼夜二公演、二千五百人のお客さんの笑い声が楽屋にまでどかんどかんと届き、富山県人としてこんなにうれしかったことはありません。

鶴瓶師匠は、富山に着くや、富山城を通って、楽屋へ入るなり、質問。

「さっき見てきた富山城、立派やったけど、誰が建てたん？」

さあ、私をはじめとする十人ほどのみんなは一瞬、目が点に。

「前田利家じゃないですか？」

「それは石川やろ、『利家とまつ』の利家やろ」

「そうですね、えーと、その息子の利長？　利次？　あれ？　ねえ、だれか知らない？」

うろたえる私に、誰も視線を合わせようとしません。

すかさず鶴瓶師匠は言いました。

「あんたら、ほんま、富山の人なん？」

楽屋一同、大笑い。

私ら、そう言えば「前田の殿様」でずっとやってきたことに気がつきました。さあ、鶴瓶師匠は、次はスタッフ、ホールの人に聞きまくる。ついに一人が市役所に電話をかける。市役所の人があわててパンフレットを持って駆け付ける。

ほんの十五分のことでしたが、この一部始終を、高座のマクラでしゃべったものだから場内爆笑の渦。

県外の人から授けられる富山豆知識にうなずきながら、笑い転げる人たち。

そして、発表された文化庁国語世論調査によると、「ご苦労さまでした」も「お疲れさまでした」も、本来は上司から部下に言う言葉なのだとか。

落語界では、師匠にも兄弟子にも「ご苦労さまです」と使うのですがね。

まだまだ知らないことはいっぱいあります。

（二〇〇六年七月二八日）

新たな空間を求めて

気がつけば、あっという間の落語家生活二十五年。長いような短いような、と陳腐な表現しか出てきません。

振り返ると、寄席に出演しない立川流の中で、その分、実にさまざまな空間を探し求め落語をしゃべってきました。

最初のライブは下北沢駅前にあったロングランシアターでした。

現在、ＯＦＦ・ＯＦＦシアターとなっている定員六十人の空間で、まる一年間、毎週水曜日、夜十時から一時間。落語以外のおしゃべりで舞台を進める、自分への実験。五十回やりました。お客さんがゼロの日もありましたが、ここが私のライブの原点です。

落語家生活を続けていて、私が大好きな時間は、会場の下見です。

劇場やホールの人に案内され、初めての空間に足を踏み入れる瞬間。まず、ステージに立ち誰もいない客席を眺めます。そして今度は、客席に座ってステージを見ます。私がしゃべっているのをイメージしながら。そしてもう一度、舞台に立って声を出してみます。はたしてこの空間を、自分で操れるのか、はたまた何かを産み出させてくれるのか。

そうなんです。今までの数々のライブを振り返ってみると、私がというより、空間が産んでくれた舞台でした。空間が私に産ませてくれた舞台でした。

「場」が持つ「気」は、ライブの命です。

ある「場」でどんなに面白かろうが、他の「場」へ同じものを持っていってもどうにもしっくりこない、通じない、という体験をいくつもしてきました。

パルコ劇場でやったものはパルコの「場」だから発想できたもので、本多劇場における『牡丹灯籠』通し公演は、本多劇場の「場」がおやんなさいと言ってくれたような気がします。

さて、来月は三宅坂の国立劇場大劇場で落語公演の予定です。

今までで一番広い空間になります。なぜまたそんな空間で？　と一番疑問をもっているのは私自身じゃないでしょうか。

さて、どうなるか、ワクワクする自分がいます。

今までやってきた、ホール、劇場、能楽堂、銭湯や蕎麦屋の二階、居酒屋、海の上……などなど、さまざまな空間を味わってきましたが、今回が、空間へのチャレンジとしては最後になるでしょう。

ゲストなしでたった一人で大劇場、胸が高鳴る秋です。

あれ？　気がつけば、あっという間の宣伝に。

暑さに免じて、ご容赦を。


（二〇〇七年八月二四日）

富良野自然塾でユニーク体験

五年ぶりに北海道富良野演劇工場で落語会をしてきました。前回をはるかに上回るお客様の熱気が会場を包み、気持ちよく高座を務めることができました。『北の国から』で有名な富良野は、いっそうにぎわっていました。

新しくできていた「富良野自然塾」を訪ねたのですが、これが実にユニークな発想。倉本聰さんの発案で「ゴルフ場を元の森に戻して、水と空気を浄化してくれる〝葉っぱ〟をつくるプロジェクト」だそうです。

泊まったホテルが持っていたゴルフ場の跡地で開かれていた「緑の教室」は、そもそも自然って何？　という素朴で根元的な問いかけから始まりました。東京から行った私は少々面食らいながらも、青空の下、とにかく空気がおいしいという単純なことに気づきます。

直径一メートルの「石の地球」と名付けられたオブジェは、地球の中身から森や海の比率を教えてくれます。あまりの自然の少なさに驚きました。

「地球の道」は、地球誕生から現在までのおよそ四六億年を四百六十メートルという距離に置き換え、地球に起きた出来事を体感し、おもしろい解説を聞きながら歩く道。歩みを進めるうち、宇宙に思いを馳せるようになった自分がいました。

そして、初めてやってみた「植樹」。自然塾の人たちが種から育てた苗木を、元は一番ホールだった場所の近くの地面にスコップで穴を掘り、植えます。人生初めての新鮮な体験でした。わくわくしながら植え、東京に戻った今も、ときどきあの苗木を思い出します。晴れれば、陽を浴びてる様子が目に浮かび、雨が降れば滴に濡れる様を思い、北海道での植樹の短い時間が、東京での私の生活に潤いをもたらしてくれているようです。

時間が足りずに体験できなかったのは「裸足の道」。二人ペアで裸足になって、一人は目隠しされて地面を五感で体験するというもの。

おおげさに「環境問題」とか「地球保護」という言葉を使うことなく、じかに感じられる自然体験。一味違った北海道旅行が楽しめました。

広大な土地を利用したユニークな試みに拍手。北海道へいらしたら、ぜひどうぞ。

（二〇〇七年九月二一日）

携帯はないけど、松茸はある村

人口百人の村に行ってきました。

一九九九年から始めて、五回目の落語会です。ここに昼夜二回公演で四百人のお客様が集まりました。

村民をはるかに上回る数の方々がいったいどこから？

来てくださる原因として、そりゃ私の落語もあるでしょうが、会場である公民館の前に張られたテントで格安に販売される村で収穫された新鮮な野菜や、無料で配られる松茸おにぎり、心のこもったスタッフの気遣い、それらのおかげが大きいのでしょう。私にしたって、松茸につられて始めたんじゃないの？　と言われて、否定できないのも事実です。

今年は異常気象のせいで松茸のできが悪く、松茸おにぎり無料配布が不可能になり、悔しがっていたスタッフ。ふふ、でも楽屋には、松茸おにぎりと松茸のお吸い物が用意され、顔がほころんだ私です。

長野県の諏訪湖のそばにある通称・松茸山にある公民館に向かって、車で三十分ほど山道を走っていると、ところどころに私の顔写真がでかでかと入ったチラシ入りの看板が立てかけてあり、「熊に注意!」の立て札にも似て、自分で笑ってしまいました。

ここの楽屋に入って毎回、気づくのが、携帯電話が通じないこと。連絡は公民館の入り口にある赤い公衆電話のみ。

最初は困ったと思うのですが、どうしても連絡をつけなきゃいけないところへは前もって伝えておけばいいことですから、案外、困らない。だんだん、電波のない楽屋に慣れ、心地よい時間が流れ出します。

電波が行き交わない公民館全体の静かなこと。集中力が増す客席。

この感じがさらに高まったのは打ち上げです。その名も松茸山という名のお店で、松茸づくしのメニューでおつかれさま宴会の楽しかったこと。

携帯電話生活に慣れてしまった私が言うのも何ですが、過疎化が進む中で村に残り、村を守る十代二十代の若者のさわやかな笑顔が酒をおいしくさせました。電話で中座する者や大きな声になりがちな携帯の会話が聞こえてこない打ち上げが、こんなにもゆったりしたものだったとは。

若者に聞いてみました。

「携帯がないと、どう、不便?」

あいまいに「そうですね」と言いながら浮かべた、とまどう笑顔が忘れられません。

愚問でした。

不便も何も、持ったことがなければ不便を感じようがないのですから。

携帯はないけど松茸はある村、を観光の目玉にすれば? というのは、村の人たちの日常生活を無視した、通りすがりの無責任な発言でしょうか。


(二〇〇七年一〇月一二日)

学生落語のパワーに垣根なし

このたび、芸術選奨の大賞（文部科学大臣賞）というものすごい賞をいただき、驚きと喜びと戸惑いの入り混じった日々を過ごしています。

この場を借りて、お世話になった方々に厚くお礼を申し上げます。

そして、審査されたこの私が、今度は審査する側に回りました。岐阜市で毎年行われている「全日本学生落語選手権」。

落語の祖である安楽庵策伝のゆかりの地で開催されて、はや五年。落語ブームのおかげもあり、今年の参加者は全国三十八大学・大学院・短大から百六十六人。予選は、今年は会場を一つ増やし、長良川国際会議場内に「信長」「道三」「濃姫」「お市」の名をつけた四会場で行われました。

決勝も六人から七人に増え、当日を迎えました。

千五百人満員のお客様。審査委員長は桂三枝（現・文枝）師匠、タレントの生稲晃子さん、岐阜市長、ＮＨＫ岐阜の局長、そして私。

私が三十五年前に明治大学落語研究会に所属していた頃には、思いもよらない発表の場です。

さあ、コンクールが始まりました。

筑波大学、関西大学、中央大学、大阪大学などなど。

一言、いやはやすごい。

七人のうち二人が女性。そのはじけっぷりに笑った笑った。落語を女性がやる場合、主人公である熊さんや八つぁんという男性を演じる方法にどうしても違和感を覚えるものなのですが、そんなことは微塵も感じさせません。

中央大の女性などは、途中から男なのか女なのかわからなくなり、『強情灸』で、文字どおり会場を爆笑の渦に巻き込み、堂々の審査員特別賞。

策伝大賞を受賞した筑波大三年生は、まくらですっかりお客をつかみ、本編でも『青菜』という、普通なら二十五分はかかる古典落語をわずか九分に凝縮、その構成力に驚きました。

次から次へ学生たちが繰り出す落語への新鮮なアプローチは、プロとして落語を突き詰めようとしている自分を振り返らせてくれました。

また、年齢、牲別、学生とプロの落語家、そんな垣根も何のその、落語が本来もっている底力に気づかされました。

来年は、うちの弟子全員にこれを見せたいと思います。交通費・宿泊費が自前の参加者たちに準じて、弟子たちも各々、工面するように。

（二〇〇八年三月七日）

善光寺の御開帳に遭遇

毎年通いつづけている長野善光寺での落語会。

そもそもは、十五年前に永六輔先生に誘われて落語『お血脈《けちみゃく》』をやらせてもらったのがきっかけでした。

会場は、善光寺門前の当時は「御本陣藤屋」という老舗旅館でした。いまは、オシャレなイタリアンレストラン兼結婚式場になっています。

ここで独演会を始めて、そう、十年くらいになるでしょうか。そのうち、やはり同じ長野県にある北野文芸座でも毎年独演会をやらせてもらい、今年はそのオープン十五周年記念の落語会になりました。

今さらながら、月日の経つのは早いもの。

ここ北野文芸座は、たとえるなら横浜にぎわい座にも似て、落語をやるために造られたかのような、気持ちよくしゃべることができる空間です。

長く続けていると、こんなこともあるものだと感慨深かったのが、今年は善光寺で七年に一度の「御開帳」大イベントに遭遇したことです。

本堂の御本尊が七年に一度だけ姿をお見せになるという、ありがたいイベントです。境内に建立された高さ十メートル、四十五センチ角の大回向柱は、本堂で公開される前立本尊の右手と綱で結ばれていて、柱にさわれば、御本尊をさわるのと同じ御利益があるそうです。落語会があった日の地元の新聞によると、何と一時間半待ちの行列ができて、諦めて帰った人もいたそうです。

そう聞くと、さわりたくなるのが人情です。

打ち上げで、「せっかくこの時期に来たのになあ、無理だろうねえ」と話していたら、「今から行きますか？」と現地スタッフが。

「えっ？　いま、夜中の十一時半だよ」

「ええ、大丈夫ですよ」

半信半疑のうちに歩き出し、善光寺さんに到着。

本堂は閉まってはいるものの、境内は自由に入れます。

昼間の喧噪は嘘のように、ほどよくライトアップされて静かに立つ、回向柱を見上げました。そうか、本堂の中のご本尊は早朝から夕方まで、決められた時間に行かなければ見られないのですが、回向柱にさわるだけなら二十四時間可能だったのです。回向柱に巻き付けられている綱にさわり、何かいい縁をいただいたような気がして帰途に着きました。

先行きが不透明な時代、綱にただ触ったというだけなんだけど、つつがなく毎日を過ごせる安心の芽をもらったような気がして、つくづく信心って不思議。

（二〇〇九年四月一七日）

落語家はなぜ正座でしびれないか

落語家への、よくある質問ベストスリーの一つが、「そんなに長い間、よく正座できますね、何かコツがあるんですか？」。

先日、女優の室井滋さんとの対談でも聞かれたばかり。

役者なら正座しなきゃいけない役柄だってたくさんあったでしょうに、不思議がられるのが不思議だったのですが、そうか、そうかもしれません。私の記録でいうと、高座に座って夢中でしゃべっていて、気がついたら、一時間五十分経っていたことがありました。

さすがに立てず、座ったまま幕を下ろしてもらって、幕の内側でさあ立とうとしてもやはり立てず、座布団の上でひっくり返ったことがありました。

実は、正直に告白いたしますと、落語を演じているかぎり、おそらく二時間を超えても大丈夫な気がします。ところが黙ったままだと、十分ともたないのです。

お通夜や告別式で、私もしびれた経験が何度もあります。いつぞや、京都でお茶室に招かれたときなど、普通の人より早めにしびれがきて困ったことを覚えています。

まわりの方々は、正座し慣れている落語家だからしびれることはないだろうと思ってらっしゃるんじゃないかと思って、さりげなく立とうといかに緊張したことか。

でも、落語は正座じゃないとできません。言葉に力が入らない。

いろいろスタイルを模索して立ってやったこともあります。

弟子に稽古をつけるときはあぐらをかいてやったこともあります。が、本気で落語を語るとなると、正座以外では身がひきしまらないのです。

この正座という文化は、世界中で日本だけらしく、そういえば、中国でも韓国でも坐禅のようなあぐら座スタイルです。

なぜ正座じゃないと落語ができないのか、習慣以外の何かがあるのでは、と常々考えていたところ、『正座と日本人』という本に出会いました。著者は医学博士の丁宗鐵さん。

実に面白い。正座は外国人から見ると極めて特異な独自の文化だそうで、そもそも正座がフォーマルな座り方になったのは、明治政府が国民をシャキッとさせようと意図的に広めたのだそうです。

驚いたことに、これ以前は、あぐら座や立て膝が礼儀正しい座り方だったんだそうな。

ええ！　千利休ですら、茶室が狭いので韓国式立て膝で座っていたなんて。

著者は、私たちの先輩の落語家たちがボケずに長生きした秘訣にも答えてくれています。

正座は脳の血流をよくしてくれて認知症予防効果もあるそうな。そればかりか、この本は「正座の未来のあるべき姿」まで突っ込んでいくのです。

ぜひご一読を。

（二〇〇九年六月一九日）

今だから笑って話せる、こんな現場

最近は、以前より落語のことを理解してくださる方々が増えて、今なら笑って話せることがたくさんあります。

地方へ行くと、テレビ番組「笑点」でしか落語家を見たことがないというお客さんから、まだ座布団一枚なんだな、がんばれよと言われたというエピソードが、嘘かホントかまことしやかに語られています。

今でも、理解されてるとはいうものの、現場に着いて驚くことがたくさんあります。

私がまだ二つ目の時代にはこんなこともありました。

高座の左右にめくりが用意されていました。右には私の名前、左には演目。プロの落語会でもときどき見かけますが、よほど覚えた寄席文字でたくさん文字を書きたかったのだろうなあ、とその心情がかわいく思われたことでした。

初めて、もしくは年に一度、落語会を開くとなると制作の方々の肩に力も入ります。

たぶん、近くのお寺から借りてきたのでしょうか、パンパンにふくれあがった座布団。お坊さんが法事のときに座るような、中央が盛り上がっていて、そう、どらやきの上に座るような感じ。バランスを上手にとって座り、ようやく座り癖がついたころには終演時間。

実は、ふかふか座布団は、足がしびれるんですよね。


今年の夏、北海道・旭川の近くの町でのこと。

三十七度を記録する酷暑。公民館にはエアコンがありません。だって今まで真夏だってこんな暑いことはなかったし、必要がなかったのです。

開演まで窓を開けっぱなしにしていましたが、虫の音がすごいので、落語が始まり窓を閉めたらその暑さは尋常じゃありません。四百人全員がウチワやセンスであおぎながらこちらを見ています。しゃべるうち、両耳から汗が頬をつたい、あごで合流し、着物の上にぽたりぽたり。

また、コンサートを主体に会を開いている制作会社の場合、開場前のアナウンスに驚いたこともありました。

「椅子の上に立ち上がったり、ステージにかけあがったりはしないでください」

駆け上がらないと思うよー、落語では。

舞台のわきに、客席に向かって男性が二人立っていたこともありました。ロックコンサートで舞台に駆け上がるお客を制する警備のお兄さん。
そういう警備はいらないの、落語は！
幾多の笑い話を経ながら、徐々に全国に認知されていく落語。まだまだ先は長い。
スタッフさん、がんばってくださいね。

（二〇一〇年八月二七日）

九十九回目の那覇公演

初めて沖縄の地を踏んだのは、一九八九年の夏でした。

永六輔先生が、沖縄にあった小さな芝居小屋、ジァンジァンに出てみない？　と誘ってくださったのです。今はなきジァンジァンは、那覇の国際通り、三越デパートの隣のビルの地下にありました。

当時、沖縄の人たちは落語を聴く機会はほとんどなかったのでしょう。何とテープで私の出囃子が流れたとたん、お客様が全員で手拍子を始めたのです。

落語家になってまだ八年目のことでした。

うれしそうに手拍子をしている沖縄の人たちを舞台の袖から見ながら、この地の方たちの音楽に対する反応の速さを、身をもって知りました。音楽さえあれば、唄いだし、踊りだす、という噂は本当だったのです。

あれから二十一年、私は沖縄に通いつづけました。

ジァンジァンが閉じたあとも、那覇の中心部にあるデパート四階の小さなホール、次に最上階の少し大きなホール、那覇市の隣の具志川市（現・うるま市）のホール、名護市の大学の講堂、その間、離島の石垣島、竹富島、西表島でも公演を続け、今では、那覇にできた国立劇場に落ち着いています。

そして、これはスタッフから言われて気づいたことですが、先週の那覇公演で九十九回目を迎えていたのです。

南国の風、暮らす人々の面白さや優しさに魅せられ、続いたのだと思います。

九十九回。これは東京および故郷富山に迫る公演数です。

まるで弟子のようになった地元芸人・藤木勇人をはじめとして、たくさんの沖縄の人たちに助けてもらったからこそです。

自分たちで笑いも唄も踊りも楽しみ、愉快な空間をつくりあげる沖縄の人たち。でも、落語の笑いも味わいたいと願ってくれたスタッフのおかげです。

今ではチケットも早々と売り切れるという、うれしい変化を感じた二十年でした。

変化と言えば、今回驚いたのは、高速道路にたくさんの車が走っていたこと。

「いままでこんなに走ってたっけ?」と聞けば、「民主党政権になって高速道路が全線無料化になったおかげで、今まで乗らなかったオジイオバアまでみんなが乗るもんだから、渋滞するわ、事故を起こすわで、お願いだから五十円でも百円でも料金とってもらいたいね」ですって。

(二〇一〇年一二月一〇日)

震災、世界からの応援

東日本大震災。言葉にはならない日本の惨状、いまも続く余震、原発の恐怖。世界が日本をみつめています。

中止が相次ぐ落語会ですが、毎年恒例四年目になるベトナム・ホーチミンとシンガポール、二ヵ国の日本人会主催の落語会は、「今年はチャリティー落語会になりましたので、よろしくお願いします」ということで、実施の運びとなりました。

海外の日本人に日本の惨状と復興へ向けての現状も伝えるべく向かった成田空港は、節電でうす暗く、静か。旅立つ人たちのざわざわした感じがない。機内にも重く静かな空気が流れ、それぞれがそれぞれ違う事情で同じ機に搭乗しているのだと、いつもなら考えないことに思いがいきます。

二ヵ国ともに、多くの日本人のみなさんが集まってくださり、予想を上回る募金もしていただき、落語は落語で楽しんでもらい、やっぱり来てよかったと、芸人一同ほっとしました。

最近、海外公演が多くなった私ですが、どうしても嫌なことが一つだけありました。外国での出入国審査です。

パスポートを見せるとどの国の係官も、じろりと私の顔とパスポートの写真を見比べ、時には英語で何やら質問してきます。どぎまぎしている私に「しょうがないなあ」とあきらめた顔つきでスタンプを押し、目も合わさずにカウンターの上に置く。この一瞬がどうにも不愉快で。

ところが今回は違ったのです。

夜十時過ぎのシンガポール空港。私からパスポートを受け取った係官は、出国カードがないことに気づいたらしく、私に向かって手で四角いカードの形をつくり、しきりにカードがないことを伝えようとしています。

急いでカバンの中を見てもみつからず、仕方がないので書類やら何やらカバンの中身をカウンターの上にまとめて出しました。すると、係官は嫌な顔一つせず、カードを探し出し抜き取ってくれたのです。

さらにハンコが押されたパスポートを受け取ろうとしたそのとき、係官は微笑みながら言ったのです。

「キ、ヲ、ツ、ケ、テ」

わが耳を疑いました。いつもなら、国の保安任務のために冷徹に振る舞う係官が人間の言葉をしゃべった。

彼が日本語なのに、私は驚きながら「サンキュー」と英語。

ゲートを過ぎ待っていてくれた航空会社の人にこの話をすると、「そうなんです、このたびの災害を知ってから空港の職員はみな、間違いなく日本人に優しくなりました」。

世界も応援してくれている。


（二〇一一年四月八日）

被災地落語会にて

先週、仙台での独演会に出かけました。

震災後、この地では初めてで、地元の放送局主催で千名を超えるお客様の力強い笑い声に、充実した時間が流れました。

また、八月には岩手県北上市のさくらホールで、陸前高田の避難所の方々を招待する落語会にも出かけます。少しずつでも被災地で落語会が開かれるようになったことは、とてもうれしい出来事です。

笑う余裕ができてきた、そのことを喜び合うお客さん、主催者、スタッフの方々の交流を見ているだけで、こちらもうれしくなります。従来の落語会では得られなかった喜びがあります。

先日、秋田での独演会の際、開演前の楽屋に主催者が一通の封筒を持って現れました。高座にあがる直前に封を切りました。その文面をここにそのまま転載させていただきます。

志の輔師匠へ

初めまして。私は仙台に住んでいる＊＊＊と申します。突然のお手紙、申し訳ありません。伝えたいことがあり、お手紙出させていただきました。

東日本大震災で主人を亡くしました。二十八歳でした。主人は志の輔師匠の大ファンで、昨年の仙台電力ホールでの独演会へも行きました。

よく車の中で志の輔師匠のDVDやCDを聴き、大笑いしていたのが、とても懐かしいです。長男も「一等を出せるもんなら、出してみろ！」（注―私の新作落語『ガラガラ』に出てくる台詞です）と覚えて言っていました。その車も被災し、まだ見つかっていません。見つかれば、車の中のCD・DVDも取ってきたいのですが。今回の秋田での独演会には、私自身は小さな子供がいるため行けませんでした。申し訳ありません。今回は私の妹にこの手紙を託しました。

私ももう少し落ち着いたら、主人の写真と共に独演会に伺いたいと思います。

乱筆乱文で申し訳ございません。主人の事を伝えたかったので。

どうもありがとうございます。

これからもがんばってください。

被災するということはこういうことなんですね。うかつにも出番前にこれを読んでしまった私は、テンションを上げなおすのに四苦八苦。

弟子に「出囃子は長めに」と頼み、何とかぐずぐずした鼻をかみ、気を取り直して高座へあがりました。

このコラムを書き終えたら、返事を書き始めます。いつかこの方が元気になって落語を聴きにいらっしゃれますように、と祈りながら。

（二〇一一年七月二九日）

ユーモアに救われて

落語家になる前は、広告の仕事をしていました。そういうご縁もあって、元『広告批評』編集長、現在は松山市「子規記念博物館」名誉館長でもある天野祐吉さんに二十年以上、お世話になっています。

天野さん発案の、子規記念博物館で行われる「道後寄席」も今年で九年目を迎え、先日、そこに出演させてもらいました。

松山は、三十年前に昨年他界した師匠立川談志と初めて一緒に飛行機に乗り、愛媛大学学園祭に来た思い出の土地でもあります。

先日たまたま手にした週刊誌の巻頭グラビアのコラムで、天野名誉館長が、正岡子規没後百十年の今年、今の日本に必要なのは子規のユーモア精神なんじゃないかと書かれていました。

三十四歳という短い生涯を終えた子規が、病に伏して書き残した『病牀六尺』『仰臥漫録』には暗いところがなく、突き抜けたユーモアが笑いを誘います。

たった六尺の病床が彼の全宇宙。苦痛で動けず泣きもし叫びもしたい境遇で子規が書きつづったのは、自分を、ものごとを、客観的に見ること。これができて初めて前へ進める。辛すぎる状態から抜け出すのを助けてくれるユーモア。

天野さんは書きます。

「人生で大切なのは、いかに長く生きるかではなく、いかに楽しく生きるか」だと。

宮城県南三陸町の避難所では、毎日、被災した人たちがつくった川柳や短歌が読み上げられていることをニュースで知りました。

この川柳大会を発案した旭ケ丘地区区長の柴田正廣さんは、「悲しみをいつまでももってたらまずい。笑ってもらえるような川柳もいいかな」と。

被災当初は、「水運び　筋肉つけて　腕自慢」「蓮舫に　負けぬ物資の　仕分け人」という具合に肉体的な辛さや切羽詰まった状況を笑いながらいなす句が生まれました。

たくさんの句を寄せつづけている須藤春香さんは、津波でお母さんを失い、ご主人と暮らしていた自宅も流され、五、七、五に思わず思いを込めました。

「大津波　みんな流して　バカヤロー」

一年後にはこんな句を。

「すっぴんで　外に出る日が　来るなんて」

これを詠んだとき、みながクスッと笑ってくれたのがうれしかったそうです。

ユーモアの力がもっともっと二年目の被災地に浸透しますように。

（二〇一二年三月九日）

思いは「気」になって充満する

朝七時、東北新幹線の一ノ関駅に降り立つと、地元のコーヒー屋さんが車で迎えに来てくれていた。この方のお店もまるごと津波で流されてしまったが、車中、努めて明るく話す様子に、外から来た者への気遣いが感じられて温かい気持ちになる。

約一時間半かけて気仙沼に到着。

海岸から何キロもあるのに、津波で運ばれた大きな遠洋漁業の船が横たわっているのを見ると、覚悟していたとは言え、ぎょっとなる。

こんな大変な目にあった方々の前でいったいどんな落語をやればいいのだろう、と気持ちがどうにもあがらない。

と、車の外をみやると会場への案内プラカードを持った、東京から来た若者が町の角ごとに立っている。

初めて気仙沼に降り立った彼らが、あとから来る千人のお客さんがスムーズに会場にたどりつけるようにとがんばっている姿に、この一瞬で私にスイッチが入った。

主催者糸井重里さんとのコタツトークを挟んで、私の落語二席のあとに、地元の方々による大漁祝い歌「どや節」が披露された。

自分で言うのも何だが、本当にいい落語ができた。

これはとにかく、町中にあふれていた「気」の塊のおかげだと思う。企画をした糸井重里チーム、現場の運営をしてくれた気仙沼の人たち、東京から訪れた千人以上の人たち。主人公は誰でもない、気がついたらみんながつながってできあがった、いい時間と空間。

名目は観光でも何でもいい、とにかく被災地の現状を見てほしい、そしてそれを伝えてほしい、という「気」のすごさ。

何かしたいという潜在的な気持ちをこの会をきっかけにつかみたいと集まった人たち。三位一体という言葉があるけれど、まさに、これほど「気」が充満してそろった会場で落語がやれたことを幸せに思います。

沖にいる船が、陸にカツオの収穫高を知らせる「大漁唄い込み」。

二番から歌えば二百本、三番から歌えば三百本。これに合わせて、陸では沸かすお湯の量を決めたと言います。

二十人ほどの歌声を聴きながら手拍子する糸井さんと私。熱いものがこみ上げる。

「気」って何だ？　と広辞苑を引いたら「精神の盛り上がり」とあった。

そうだろうそうだろう、「気」仙沼だしな、と思った一日でした。

（二〇一二年三月三〇日）

ベトナムで飲む治外法権ビール

今日から一週間、ベトナム公演に行ってまいります。ホーチミンで続けている落語会も六年目に入り、今年は、さらに一ヵ所、首都ハノイでも行うことになりました。

毎年この時期になると、海外が続きます。先々週は、全日空機内寄席の収録も兼ねてタイはバンコクで落語会。こちらは四年連続、通算五回目。

一昨年の洪水の傷跡も徐々に薄れ、工場を中心に着々と立ち直りつつある様子を、現地で働くすごい日本の企業戦士のみなさんが、恒例の夕食会で話してくれました。

仕方のないことですが、タイで困るのは、内外の気温差。

三十度を超える屋外、一歩建物の中に入ると効きすぎる冷房。体調が確実に狂います。何よりのごちそうが冷房というお国柄。この国のどこにこんなにも電力があるんだろうと不思議な思い。

会場はホテルの大広間で、やりやすく聴きやすく見やすい高座ができあがるまでに、現地のスタッフや弟子ともども五時間ぐらい必要で、会が始まる前からくたくたです。

上着を羽織っていても、お腹も体も冷えて、トイレに通う回数の多いこと。落語の『茶の湯』を思いながら苦笑。

いつもは会場とホテルの往復なのですが、今年は、バンコク市内を抜けてアユタヤに出かけ、像の背中に乗りました。

高所恐怖症の私も、像の背中くらいなら大丈夫。

笑ったのは、象使いがカメラのシャッターを押す前に被写体である私らに向けて放った一言。海外ではみなが口にする「ワン・ツー・スリー」の代わりに、

「カトちゃん、ペッ」。

観光客の誰かが教えたのでしょう。みなが笑うので嬉しくなって、象使いもこれを繰り返しているのでしょう。

これよりもっと驚いたのは、落語会の翌日がバンコク市長の選挙だったため、町のすべてのコンビニ、レストランでアルコール販売が一切禁止されたことでした。

おかげで打ち上げは、日本料理店の奥座敷で、ひっそりと。タイ人の仲居さんたちが和服の袖の中に隠して運んできてくれたビールをいただき、「ここだけは治外法権だ」とばかりに盛

り上がりました。

何でも、酔っぱらって選挙に来なかったり、党派争いがピストル騒ぎにまで発展するそうな。なので選挙の日と前日はアルコール禁止。

おかげで久しぶりに、ビールを自由に飲めるありがたさをしみじみ味わったのでした。

（二〇一三年三月二二日）

ジャンルレスな人たちに乾杯

いつもはミュージカル公演で有名な赤坂ＡＣＴシアターで、落語『中村仲蔵』公演を行いました。

「忠臣蔵」を題材にしたこの落語をより深く理解していただくために、前半では映像も使って忠臣蔵の全段を紹介するという試みの再演でした。そもそもミュージカルを前提に設計された広い空間なのに、終わってみればたった一人しか舞台にいないにもかかわらずギュッと凝縮され、集中できて、広さを感じなかったという多数の感想が寄せられました。照明、音響さんらスタッフの力もお借りして新たな落語の見せ方が提案できたかと思うと感無量です。

落語ファンじゃない方々にも落語を見てもらいたい。この空間でどんなことができるのだろうと考えた結果の演出でした。

私が赤坂で舞台を務めている頃、当然のことながら見に行けなくて残念だったのが、新宿での松元ヒロさん『ひとり立ち』公演。古くは新大久保の小さな会場で行われていた頃、師匠談志も私も出かけて、その笑いを交えた熱いトークに感動したものでした。言いたいことがある人は強い。

現実の問題に真っ向から斬り込み、ためらいを見せながら奥底には強い信念。今までなかったヒロジャンルをつくり上げたのです。


このようにノンジャンルでがんばっている人たちがたくさんいます。

鉄道ネタから人情もの、鋭い視点で時事ネタも過激な、ダメじゃん小出さん。

鉄道ネタもあるけれど、東京タワーにスカイツリーの歌をつくるかと思えば、古い邦画に詳しく、決して大向こうを唸らせない軽さが持ち味のスタンダップコミック、寒空はだかさん。

学生服が似合いそうな風体で演歌を歌い継ぐ、カンカラ三線弾き歌いの岡大介さん。

居酒屋に老人ホーム、大道で民謡からシャンソンまで、アコーディオンを弾き歌う遠峰あこさん。

渾身の思いを込めて野球、競馬、映画、芸人を「山田かたり」に昇華させた山田雅人さん。

そして驚くべきは、女三人で笑いを続けている、コントだるま食堂さん。何と今年で二十六・五周年だそうで、『凹凹大回転』と銘打った公演が、何といつも私が夏に『牡丹灯籠』公演を行っている下北沢の本多劇場で、十一月四日にあるとのこと。

くだらなさ、ばかばかしさを女性が続けるその苦労をみじんも感じさせず、相変わらず「馬鹿だなあ」と思わせてくれる三人。女性が笑いを味方にしたら怖いものなしでしょう。
つくづく、ジャンルを自らつくりあげている方々には、心の底から乾杯です。

（二〇一三年一〇月四日）

スピリッツは受け継がれて

組織より人のつながりが原動力なんだな、と感じ入った会がありました。

それは、岩手県北上市にある「さくらホール」が、今年十周年を迎えての独演会。

北上には石を投げれば高橋に当たる、というくらい高橋姓が多いらしいのですが、二〇〇〇年当時、ここにいた高橋氏が何度も東京での私の落語会に訪れ、楽屋に来ては、「何とか私たちのホールで落語会を」と言っていただき、その年の暮れに実現したのでした。

彼の熱のすごさは、「県庁所在地ではない都市で本気で落語会を広めたいと思うのなら、季節ごとに年四回やるぐらいの気概がないと……」と、つい言ってしまった私の提案どおり、見事に春夏秋冬の落語会を成功させたことです。

ホールは収容人数四〇〇人の中ホールだったのですが、あれから十三年を経た一一月三〇日は、十周年を記念して大ホールで。

地元北上はもちろん、気仙沼や久慈、陸前高田など被災地各所から何台ものバスを連ねて来てもらおうという企画も実現させ、結果、千三百人のお客様になりました。

ロビーは、多くの食べ物やグッズの店でにぎわい、長唄三味線の社中の皆さんがライブ演奏。ハレの気分が満喫できる演出に、遠方から来た方々も、さぞや驚かれたことでしょう。

実は、この日のために一年前から企画制作の指揮を執っていたのは、高橋氏の部下の小笠原氏。高橋氏は何年も前に市役所に戻り、三年後の「岩手国体」の準備の要になっているそうなのです。

高橋氏から情熱のバトンを受け継いだ小笠原氏。

舞台準備の途中、舞台ソデに人影が。見ればあの高橋氏が。

何とうれしかったことか。

「今日のすべての原点は、『北上に落語を定着させたい』と東京まで何度となく通って、私を十二年前に呼んでくれたからだよね。あなたの意思を受け継いだ小笠原くんもすごいけど、スピリッツを与えたあなたもすごいよね」と、何年ぶりかで握手を交わしたのでした。

彼らは公務員です。

正直、公務員の中にはあまり熱のない人も多く、そのせいか、そのせいでしょう、寒々しい落語会を何度も経験してきました。

私の新作落語『歓喜の歌』の創作意欲の原点は、役人への糾弾でしたから。

でもこの日、私ははっきりと再確認したのです。

情熱は、スピリッツは人から人へ伝わるものだと。もちろんその人を支える多くの人がいることも。


（二〇一三年一二月六日）

第三章

縁に学んで

気遣いの人、内海好江師匠

体育の日。あちこちで運動会が開かれてることでしょう。ビデオカメラをわが子に向ける、お父さんお母さん。そこにぜひ、おじいちゃんおばあちゃんにもいてほしい。

孫とおじいちゃん、おばあちゃんの関係って、とてもいいと思います。親と子だとどうしても対立関係、競争関係が入り込んでしまって厳しい関係になるけど、祖父母と孫って素直になれる。

都心では、ベビーブーム時に建てた学校の耐用年数がそろそろ尽きて、建て替えの時期だとか。そこで、土地不足を解消するためもあって、校舎をビルにして、その中に特別養護老人ホームも一緒に入るようにしたらどうか、という案が文部省から出されました。

いいですね。今は核家族化で具合悪くなったおじいちゃん、おばあちゃんはすぐ病院に入っちゃうし、会う機会ないですもんね。最もいたわらなくてはいけない弱者との付き合いに慣れておけば、いじめだってなくなるんじゃないか。

同じ世代の同じ価値観の者だけが集まってる学校に、かけはなれた世代の人たちがいると、おおげさに言えば、世界観が変わる。

一〇月六日。内海好江師匠が亡くなって特にそう思います。

まだ、教えてもらわなきゃいけないことが、いっぱいありました。

「私はね、優秀だったから、小学校を二年で卒業したのよ」が口癖でした。

芸人の子に生まれて、私たちが知らない苦労を山のように背負っていたであろう師匠のまわりへの気遣いは、そりゃあすごかった。人があっての自分、というのが生きるテーマのような人でした。

好江師匠が楽屋へ入ってくると楽屋の電気のワット数が上がったんじゃないかと思うくらいパアッと華やぎました。いつもハイテンションで、この人にはバイオリズムがないのかなと思ったくらい。

「これが芸人よ」とおっしゃってました。

今年一月二七日、一九九七年度の月に一度の私の定期落語会は、好江師匠のゲストで華やかに幕が開きました。わざわざグリーンのドレスを新調して美空ひばりになりきって熱唱して笑わせて。

「皆様、私が志の輔の四十八番目の女です」なんて自己紹介して。

かわいい人でした。

富山出身で年をとってから落語家になった私を気遣ってか、粋な帯をくれたり、おいしいものを食べさせてくれたり。

「そんなことも知らないのかい」とよく叱られました。たぶん、漫才相手でもあり先輩でもあった桂子師匠から自分が言われつづけた言葉でもあったのでしょう。

これから毎年十月六日の命日は好江師匠に世話になったもんが集まって飲もうや、ということになりました。

好江師匠〜、幽霊にでも何にでもなって、出てきていいですよ〜。


（一九九七年一〇月一〇日）

オリジナルな先生、秋山仁

ニューヨークの株価が大暴落で大変だ大変だ、のニュースがマスコミ中を駆け巡ってましたが、具体的にそれが私らの生活にどう大変なのかを根本から説明してくれたとこが一つもない。いったいぜんたい、株って何? 通り一遍の説明じゃなくて、身に迫ってくるガッテンしやすい説明をどこもしてくれないのは、そんなこと常識だからなのか、面倒くさいからか、いい表現を思いつかないからなのか。

先日、ルイ・ヴィトンやソニーやイッセイミヤケのブランドのコピー商品が出回ってる事態を危惧する「知的財産を考える」というシンポジウムがあり、パネラーとして参加、数学者の秋山仁さんとご一緒しました。

私は以前、秋山さんに質問をしたことがあります。

「数学なんて私達の毎日の生活に必要ないでしょう? 微分積分を習ったって何にも役に立ってないですもん」

「いいえ、志の輔さんも微分積分やってるんですよ。例えば、横断歩道のない道を横切るときに、とっさにあらゆるデータを頭で処理して素早い判断で車にぶつかることもなく向こうへ渡れるのは、微分積分をやってるからなんです。右からも左からも車がやって来ないか、もし車の姿が見えたなら、自分との距離とそこを渡りきる自分の歩行速度を一瞬のうちに知らず知らず微分積分してるからこそ、事故もなく渡れているんですよ」

ああ、そうか、私はとんだ微分積分野郎だったんだ、と思いました。

で、その日のシンポジウムで秋山先生がおっしゃったことは、なぜみんながニセモノを楽しんでしまうのかと言えば、今まで画一的な教育をしてきたことに原因がある、と。オリジナリティに敬意を払う教育をしてこなかった、と。発想の豊かさに対して尊敬の念をもたない教育をずっとしてきてしまった結果がこれなんだ、と。オリジナリティを発揮する者を変わり者と呼ぶことをよしとする教育を子供たちにしてきてしまったんだ、と。

昨年、宮沢賢治の生誕百年ということでいろんなイベントや番組が組まれ、その中でかつての教え子のおじいさんがしゃべってました。何を教えたにしろ、とにかく宮沢賢治が教えたことはすべて印象深かったということ。

印象に残らない百より印象に残る一を教える人のほうがいい先生でしょう。私も秋山仁さんのような先生に教わってたら数学が好きになってたろうなあ。あの盛り下がった授業で埋め尽くされた、私の退屈な日々を返してくれ〜。

当日、舞台では手づくりの小道具とウーロン茶を使って、平方根の定理（ピタゴラスの定理）を説明してくださった秋山先生。

う〜ん、そうだったのか。$a^2 + b^2 = c^2$ の意味は。

私も落語界の秋山仁めざそっ。

（一九九七年一〇月三一日）

琴ヶ梅引退披露で感じた土俵の力

オリンピックもあと二日で終了。

氷と雪の上で競われたスポーツの祭典でした。実に悲喜こもごものドラマを見せてもくれました。スキージャンプ金メダルでは号外まで出て、道行く人は我先にと手を伸ばしたそうです。だって、判断の物差しがいくつあっても足りないような、これから先がまるで読めない世の中だから、とにかく何はさておき、世界ナンバーワンになったという、わかりやすい、明るいニュースにみんながほっとしたんでしょう。よかったよかったと他愛なく主義主張関係なく一緒に喜びあえるニュースをみんなが待ってたんですね。

そんなさなか、私は日本の伝統スポーツ、相撲が行われる土俵の上にいました。

同じ富山出身というよしみで琴ヶ梅関から生まれて初めてもらった断髪式への招待状。ごくごく身内で集まって厳粛に執り行われる場面を想像していたら、何の何の、両国国技館は、大型バス七台を連ねてやってきた琴ヶ梅関の出身地八尾のお客さんを含むいろんなジャンルの人で満員になってました。

正式名称は「琴ヶ梅引退錣山《しころやま》襲名披露大相撲」。

ふれ太鼓に始まって、幕下力士のトーナメント試合、相撲甚句、幕下力士の土俵入り、十両力士の土俵入り、琴ヶ梅と寺尾の取組、十両の取組、床山による髪結いの実演、後援会会長のあいさつ。そしてやっと断髪式。

もらった札を見たら私は三〇四番目。全部でその数四百人。チョンと形ばかりの鋏を入れて髪を一センチ切るだけ、時間にして一分くらいのものなんだけど、ずっとずっと長く感じました。それはきっと、土俵の力だと思います。

力士の汗が染み込んだ土。気合と気合が真剣にぶつかりあってできあがった場所がもつ緊迫感。ああ、だから春場所とか夏場所って言うのか……。


私も全国のホールで落語会をやってて感じるのは、知らず知らずのうちに落語をやらされてしまう舞台と、冷え冷えとした舞台があるってこと。それは、単にホールが新しいとか古いとかじゃなく、舞台の板に座った途端に感じることで、しゃべらせてくれる板があるってことなんです。

それに比べて、オリンピックは真新しい空間での競技。まだ場所に力は備わっていない。でも一つの競技が終わるごとに目には見えない〝気〟が入っていったことでしょう。オリンピックが終わったら取り壊されてしまう場所でも、土や岩やまわりの木に何かしら残っているんじゃないでしょうか。

土俵の上で思わず土俵入りの真似事で手の平を返してみたら、国技館中から笑いがきて、このうれしかったこと。

うん、いつかここで落語がやれたら、と夢を見させてくれた一日でした。

（一九九八年二月二〇日）

お金持ちはひと味違う

長者番付の発表を見て思ったこと。おっと、正しくは高額納税者発表ですか。でも、長者番付のほうが感じが出てると思うけどなあ。長者……何か牧歌的でいい人そうでゆったりしたイメージがある。

毎年、高額納税者発表の時に思うことですけど、マスコミはこのランキングに入った人たちを一見ほめてるようで、決してほめてない。そして、当人も「財産を処分したからですよ」とか「来年の税金が大変です」とか「税金払ったらいくらも残りません」なんて、高額納税者になったことを迷惑そうに言う。それはたぶん、嫉妬されないための予防線なんでしょうけど、一年間汗水たらして働いた結果、国にいっぱい税金が払えるってことは大したことなのに。「節税対策もしないで馬鹿だよな」という知ったかぶりの意見を吐く人は、よほど羨ましいんでしょう。

そんな風潮の中、今回日本一の長者になった自然化粧品販売業の親父さんのコメントはすがすがしかった。

「納税日本一は夢でした」

社員九人。すがすがしい。日本一になるために、経費をおさえて新商品を出しつづけた。毎日、全国の観音参りのかたわら、浮かんだアイデアを事業に活かして夢を実現。

店の前に「納税日本一」の幟《のぼり》を立てるなんぞ、もう国民栄誉賞をあげたいくらい。


何年か前、また一味違うお金持ちに会ったことがあります。山梨の酢漬けイカ・メーカーの社長さん。

日本に何台とない高級車に乗り、御殿のような家に入ると床はガラス張りで、下を見ると高そうな錦鯉が何匹もゆうゆうと泳いでいました。

溜め息つきながら私は尋ねました。

「社長、商売の極意は何ですか?」

「あのね、志の輔さん。お金を貯めるとき、貯金箱に一日目に一円入れたとしますよね。二日目には前の日と同額の一円を入れて合計二円、三日目にはまた前の日と同額の二円を入れて合計四円、四日目にも前の日と同額の四円を入れて合計八円、こんなふうにしていって三十日目にはいくらになると思いますか?」

「さあ……そうだなあ……五十万円くらいになるんでしょうか」

「ハズレ。五億三千六百八十七万九百十二円になるんです」

ガーン。

「例えば、今日一人のお客さんが一本の酢漬けイカを買ってくれて、おいしいよとお友達にすすめてくれる。そうすると、お客さんは倍の二人になる。そのお客さんがまた、お友達にすすめてくれる、そんな具合にお客さんは増えていくもんだ、いいものさえつくってれば、と私はいつも従業員に話してるんです」

ガッテンガッテンガッテン。

やっぱり、人と違うことをやる人は、人と違うことを考えてるんですね。


（一九九八年五月二二日）

小さん師匠とおしゃべりじいさん

柳家小さん師匠が、お亡くなりになりました。

所属する団体が違うせいもあって、あまりお会いする機会がありませんでした。落語会の楽屋で三回くらい……。

上座に座るその姿がほんとに絵になる方でした。葬儀で祭壇に飾られた遺影は、芸人というより素晴らしい人間、小林盛夫その人といった感じで、いつまでもそこで見ていたいと思ったほど。

忘れもしないのは、八年前、文化放送でのこと。私のラジオ番組にゲストとして早朝からお越しいただいたときのことです。

小さん師匠は、私の師匠立川談志の師匠、すなわち大師匠にあたります。そりゃあ、緊張しました。お迎えしていったい何を聞いたんだったか思い出せないのですが、たぶんトンチンカンな質問をしたのではなかったか、冷や汗ものです。

嫌な顔一つせずに答えてくださった優しさ、人間の大きさ。

どうしても聞いてみたかった一つの質問に対しての答えだけは、今もはっきり覚えています。

「私の師匠、談志のことは今、どう思ってらっしゃいますか?」

「ん、あれは、あれでいいんだ」

と一言。その一言に、協会を飛び出していった弟子に対するものすごい愛情を感じたものでした。


小さん師匠の死に際して、実は落語を初めて聞いたのは小さん師匠だったんだという人の多いこと。今まで何で言わなかったんだ、とツッコミました。

そう言えば、と私も思い出しました。

私が落語の楽しさを初めて知ったのも小さん師匠からだったのです。

小学生、五、六年だったと思います。富山の新湊の実家で、どてらを着たじいさんが肩を揺らしながら笑ってる姿。私のじいさんを笑わせているのは、テレビの中で、着物を着て座るもう一人のじいさん、小さん師匠。ダブルじいさんが向かい合って座ってる姿が何とも滑稽で、この一シーンは映像として、私の頭の中に深く刻み込まれています。

その私のじいさんは、私が落語家になったことを知らずに亡くなりました。私が落語家になったのはじいさんのおかげだと思うのに。

このじいさんは面白いことを言うのが好きなおしゃべりじいさんで、元旦、家族で雑煮を食べてるときに「一句、浮かんだぞ。元旦の雑煮で押し出す去年グソ」など言い出すもんですから、みんなから顰蹙《ひんしゅく》を買っていました。

この血が私にも流れていたのでしょう。


もちろん、小さん師匠の血は、息子の三語楼（現・六代目小さん）師匠はもちろんのこと孫の落語家、柳家花緑さんにも流れています。

人間国宝をおじいちゃんに持った喜びと苦労は大変なものでしょうが、おじいちゃんはどんなにかうれしかったろうと思います。

大往生。ご冥福をお祈りいたします。


（二〇〇二年五月二四日）

柳昇師匠の「間」

十六日に八十二歳で亡くなられた春風亭柳昇師匠は、最後まで新作落語にこだわりつづけた落語家でした。

特に印象に残っているのは、弟子の昇太兄さんから聞いた話です。

昇太兄さんが柳昇師匠に、「師匠、古典もやったらどうですか?」と聞いたときのことです。この物言い一つとっても、いかにフレンドリーな師弟関係かがおわかりでしょう。

柳昇師匠は答えました。

「古典落語をやれば受けることはわかっているけどね。新作をつくらなくなったら、柳昇はラクをしてるなって思われるのよ」

普通のサラリーマンならとっくに定年を迎え、昇太兄さんの倍の年齢で、この意気込み。「この人、すごい!」と昇太兄さんは唸ったそうです。

私も思わず、ガッテンガッテンガッテン。

柳昇師匠の「間」は、誰かが盗めるものでもなく、お客さんを選ばないおかしさがありました。若い人も年輩の人も男も女も地方人も都会人も、一緒に笑える。

私の大好きな新作落語は、『日照権』です。

十四階建てのマンションが建設されることになり、まわりの家には陽が当たらなくなるというので、町内会で一致団結して抗議に行こうという話し合いがもたれます。

議長が言います。

「何か意見はありませんか？　あなた、こんな大事な話をしているのに、寝てるってどういうことです？」

「……夜勤明けなもんで、すいません。陽が当たらなくなると言われても、……どうせ私は夜勤ですから」

また、中にはこんなことを言い出す者もいます。

「私が思うに、向こうが十四階建てを建てるんでしたら、こっちは三十八階建てを建てたらどうでしょう？」

張り合ってどうする、です。

さらに別の一人は、

「私が思うに、太陽のほうに問題があるような気がするんですよ。ちゃんと真上に来てもらうように頼みましょうよ」

こんなナンセンスが、飄々とした師匠の語り口から発せられると、笑いがふつふつとこみあげてきます。

そうそう、こんなのもありましたよ。

うちへ届いたお歳暮の熨斗《のし》を張り替えて人に贈る。よくある話。そんな人が何人もいて、まわりまわって自分のところへ戻ってきてしまったお歳暮。

で、師匠は言うのです。

「お歳暮なんて、誰が考えたんですかね？……キリストだったりして、……歳暮マリア、……なんてね」

これ、師匠が言うとね、爆笑なんですよ。

毎年四月の山開きになると、私の故郷富山の霊峰立山の頂上に近いホテルで落語会を開いてらした師匠が、私に声をかけてくださったのは五年前。

「志の輔くん、こんな空気のきれいなところにいると長生きするよね」

「師匠、ご自宅の吉祥寺も空気はきれいでしょう?」

「ダメ。ここに比べたら吉祥寺あたりは息なんかできないよ。でも息しないと死んじゃうから、吸うけどね」

私をも笑わせてくださいました。

師匠、天国も空気はきれいでしょうから、新作いっぱいつくってくださいね。合掌。

(二〇〇三年六月二〇日)

江戸っ子、桂文治師匠

西武新宿線に変な小さいおじいさんが乗っている。私も見た、僕も……と小学生の間で評判になったのは、先月三十一日に八十歳でお亡くなりになった桂文治師匠のことでした。いつも帽子をかぶり黒紋付に袴姿のおじいさん。小学生ならずとも印象に残ります。この話を面白そうに話してくれたお弟子さんによると、師匠はいつでも着物姿で外出なさっていたそうです。

故郷富山で私が初めてテレビで見た落語家が、桂文治。当時は、桂伸治師匠でした。独特の声、おかしさ、そして何より愛らしいその姿。

テレビを通して会ってから二十年後、師匠談志に入門して二年目のある日、国立演芸場の楽屋で、ついに本物の文治師匠にお会いできたのでした。

師匠談志は、文治師匠とはよほどウマが合うらしく、何度もひっくり返りながら会心の笑みを浮かべ、話し込んでいました。

そのうち出番が近づき、「お先に」と声をかけて高座へ上がった文治師匠のカバンを弟子に持って来させ、なんと、カバンの中身を一つ一つ取り出しテーブルの上に並べ始めました。

私も含め、まわりでみんなが目を点にしていると、

「ん――ん、金目のものは何にも入ってないな」

もうみんな大笑いしながら、心の内で、文治師匠が帰って来たらさぞ怒るだろうなと気が気ではありません。

さて、一席終えて楽屋へもどった文治師匠。

自分のカバンの中身が整然と並んでいるテーブルを見て、

「何してるの?」

「どんな暮らしぶりかと思ってね」

するとと文治師匠、

「いつもの大金、入れておかなくてよかった」

と軽く応酬、今度は師匠談志のカバンを取り上げ、静かに順番に中身を取り出し並べ始めました。

「あんたもたいしたもの持ってないね」

もう、二人でキャッキャッと笑い合う。子供と子供の喧嘩です。

まわりは、さっきの緊張から解き放たれて大笑い。

落語界に入ったばかりで、緊張しっぱなしだった私は、この芸人ならではのユーモアに、気持ちがあったか〜くなったのを覚えています。


去年の春に、十八年ぶりに某ホールの楽屋でお会いしたとき、目の前に座っている私にいきなり、「いいかい、落語はね」と師匠十八番の落語『長短』を例にとり、仕草のポイントなどを熱心に話してくださいました。

「芸は人なり」どおり、あの世へ旅立ったのも、落語芸術協会会長の任期最後の日の一月三十一日。

こだわりの人でした。

「ありがとうございました、じゃない。江戸っ子は、ありがとうございます、って言うんだ」としきりにおっしゃっていた文治師匠。数少ない機会でしたが、貴重なことを教えていただき、ありがとうございます！


（二〇〇四年二月六日）

師匠談志の斬新なお歳暮術

先日、長野県飯田市伊賀良の落語会へ出かけ、いきつけのラーメン屋さんで食事後、おいしい柿が出て来ました。

主催者が言いました。

「本当なら、今頃は家々の軒先に干し柿がずらーっと吊されているはずなんですけどねえ」

本当なら、の言葉にひっかかった私がわけを聞くと、衛生上の理由で、数年前から干し柿を外に干さなくなったのだそうです。

おまけに、とその人は話を続けました。干し柿の表面の白い粉を柿が腐ってる証拠と思う人もいるらしく、賞味期限までつけなきゃいけなくなったと。

賞味期限、現代の魔物です。

パルコ公演の楽屋にもたくさんの差し入れを頂いて本当にありがたかったのですが、この季節はお歳暮の季節でもあります。

贈ったり贈られたりで、事務所や自宅に届くお歳暮には賞味期限がついたものも多数。生ものならばいざ知らず、こんなものも腐るの？　と驚くこともしばしばです。その上、保管場所に指定があり、冷凍庫、冷蔵庫、冷暗所とさまざまな方法が推奨され、もっとすごいのは、開封前は冷暗所で、開封後は冷蔵庫で、というものまで。

事務所スタッフは、何一つ無駄にはしたくないばかりに、小さな冷蔵庫と届いた品物の間で悩みつづけます。

冷蔵庫の奥にある賞味期限切れのものを見つけたときなど、小さな討論会が始まります。

「このウニの瓶詰め、もう期限が一週間も過ぎているからだめじゃないかなあ」

「一週間ぐらい大丈夫でしょう」

「食べてみる？」

「もし何かあったら、嫌だよなあ」

「火を通せばいいんじゃない？」

「どんな料理にするの？」

「そうねえ、料理法を思いつくまで、ひとまず冷蔵庫へ」

こうして、冷蔵庫内は食品群がひしめきあうことに。

なまじ数字が書いてあるだけ悩みも深くなります。結果、冷蔵庫で腐っていく食品が増えていくということに。

わが師匠談志は常々、「縁あって我が家に届いたものは、きちんと食べきってやらねばかわいそうだ」というのが持論で、日々、食べ物と格闘していました。

そして、ついに師匠は斬新な行動に出ました。今年はお歳暮はいりません、ほしいものがあったらこちらから電話するから、という手紙を各所に出しました。

食べ物を大切にすればこその手紙ですが、もらったほうは、さぞ驚いたでしょう。

パンフレットで、賞品と時期を選べるシステムも便利ですが、商品そのものが突然届く魅力も捨てがたい。でも、つまりはこちらも贈ってるから贈られてくるわけで、相手のほうも同じように悩んでいるのでしょうねえ。

(二〇〇四年一二月三日)

伊能忠敬の血を引くキャディさん

五十歳を超えて日本全国の地図をつくろうと旅に出た中高年の星・伊能忠敬は、ウォーキングの元祖とも言えるでしょう。

この人で落語がつくれないかなと思って、千葉県佐原市（現・香取市）にある伊能忠敬記念館まで出かけました。

高速「佐原」の出口には「地図の町、佐原」の看板があり、街には、ゆったりした空気が流れ、昔の建物がきちんと保存され、江戸情緒があふれていました。

記念館の入り口には、現在の航空地図と伊能の地図がオーバーラップされた画面があり、いかに伊能地図が正確であったかを思い知らされます。

浦賀に黒船が来る何十年も前に「大日本沿海輿地全図」を完成させ、「この国の測量をしてやるよ」とやってきたイギリス人を驚愕させ、この国はあなどれんと思わせた、という逸話を聞くと、同じ日本人として誇らしくなりました。

そんな折、こんなニュースが飛び込んできました。

女子ゴルフ「ＬＰＧＡツアー選手権リコー杯」で大逆転優勝した瞬間、古閑美保さんがまっさきに喜びを分かち合ったのは、キャディーの伊能恵子さん。

変わった名前に、あれ？　と。

そうです、伊能忠敬の子孫。その血をひいてか、歩測のプロ。

試合の前日、プレーヤーと一緒にラウンドして、あらゆる場所からピン（ホール）までの距離はもとより、いろんな場合を想定して必要になりそうな距離を歩いて計り、伊能メモを作成。プレーヤーの強い味方になるキャディーさん。

この方が、あるゴルフ関連ホームページで語ったところによると、歩測には自信あるけど、計算を間違えることがしばしば、しかも印の単位である五十ヤードを間違える、と笑わせてくれます。

一度でいいから、こんな方と一緒に回れば私のスコアもあがるかも、と考えるのはキャディーさんに寄りかかりすぎだよなあ。

さて、伊能落語のほうは、頓挫しています。

というのも、そもそも地球の大きさを知りたいという科学的好奇心から日本を歩き始めたという伊能忠敬の人生と偉業は、とても堅実にして壮大で、落語に仕立てるのが難しくて……。忠敬の子孫である記念館前の喫茶店主も「生真面目な人だから、大河ドラマになるタイプではないですよねえ」。

そうかもしれないと悩む日々です。

（二〇〇七年一一月三〇日）

師匠談志の落語への執念

子供のころ、五十歳以上は、おじいさんでした。

一方、年配の方に言わせると「五十代？　働き盛りだな。一番面白いときだよ」と、イケイケドンドン的発言の嵐。

若いんだか年寄りなんだか自分の位置を決めかね、心が微妙に揺れている状態で、居酒屋のトイレに入ると、そこには張り紙がありました。筆文字で黒々と、「つもり違い十二ヵ条」とあり、いわく「高いつもりで低いのが教養」「低いつもりで高いのが気位」「深いつもりで浅いのが知恵」「浅いつもりで深いのが欲望」「厚いつもりで薄いのが友情」「薄いつもりで厚いのが面皮」「強いつもりで弱いのが根性」「弱いつもりで強いのが自我」「多いつもりで少ないのが分別」「少ないつもりで多いのが無駄」「長いつもりで短いのが青春」「短いつもりで長いのが老後」。

誰の言葉なのか店主に尋ねれば、長野県の元善光寺の先代住職が書いたものを、店主の父親がその場で書き写し、さらに清書して額に収めたのだとか。

若いときなら見過ごした言葉が、五十過ぎの心には沁みるのです。

キザに言えば、言葉の向こうが見えそうな。


落語もそう。

若い頃と今とでは、落語に寄せる想いがまるで違うなあ、としみじみと、そこへ、三月九日NHKハイビジョンの番組『立川談志きょうはまるごと10時間』です。弟子の私、画面に釘づけでした。

しみじみなんかしている場合じゃない。

追悼でもないのに、一人の人間を十時間ぶっ続けで放送するなんて。しかも語り尽くされた感がなく、『24－TWENTY FOUR－』のようにシーズンツーがまた始まりそうな予感すら抱かせました。

秘蔵の落語『三方一両損』『主観長屋』『やかん』、番組のためにスタジオで撮り下ろした『居残り佐平次』など落語はもちろん、海外旅行や都内探訪、有名人による談志ファンの鼎談。何より、落語にかける執念のすごいこと。日常のどこを切り取ろうがそこにまぎれもなく七十二歳の落語家、立川談志がいるのです。

弟子の私が言うのも何ですが、何と正直な人だろう、何と優しい人だろう、何とすごい人だろう、ただただ画面の前で腰が抜けていくような思い。

その師匠に、文化庁芸術選奨文部科学大臣賞受賞の報告に行くと、何も言わず、ニヤッと笑ってくれました。

もう、それが何よりもうれしく、弟子冥利に尽きました。

（二〇〇八年三月一四日）

『牡丹灯籠』ひ孫さんから学ぶ因縁

すでに秋の気配が濃厚になってきましたね。下北沢の本多劇場、今年で四回目の『牡丹燈籠』公演が終わりました。

シェイクスピアと並べられることの多い落語家、三遊亭円朝が創った大長編『牡丹燈籠』の全体像を理解しやすいように新たに構成しなおした、志の輔流落語『牡丹燈籠』。

私も当初は『牡丹燈籠』と言えば、カランコロンという下駄の音くらいしか認識がなかったのですが、円朝作品をあらためてじっくり読みなおしてみると、驚くほどにさまざまな人物が錯綜し、リンクしているのです。

何日もかけて口演されたというこの長編。さぞや、昔の人は、次はどうなるのだろう？　とわくわくどきどきしながら、通い詰めたことでしょう。

昔のように物語が今ほど氾濫せず、時間がゆっくり流れていた時代ならいざ知らず、今これをやるならよほど短くしないと、と頭を悩ませた結果が、第一部でまずは人物紹介をかねた関係図をパネルで見せる、ということでした。

第二部は、第一部の図をいったん忘れていただくために、本編へいきなり突入。物語が始まり、ラストへいくにしたがって第一部の関係図が頭によみがえり、しっかり全体像がつながるという手法をとってみました。

それはそれはたくさんのアンケートをいただいたのですが、中に、この『牡丹燈籠』の速記者・酒井昇造さんのひ孫さんからのものがあったのには驚きました。

構成をほめていただいたうえ、「最後の創作部分は、孝助が何よりも喜ぶことではないでしょうか」との感想、胸に染み入りました。

何よりかによりうれしいのは、『牡丹燈籠』速記者である曽祖父のことを思いつづけ、気になり、志の輔らくごを聞きに足を運んでいただけたこと、私が知らないことを教えてもらったこと、この因縁が『牡丹燈籠』を通してのものだということです。

四年続けていてよかった、と心の底から感謝の夏です。

原作冒頭の「序詞」に「会員酒井昇造氏とともに」の一言を入れた速記者・若林玵蔵さんの気遣いもひ孫さんとともにうれしく、いろんな因縁を感じずにはおれません。

私は、きっと『牡丹燈籠』の登場人物たちにひかれてこの苦しい作業を始め、終えたのだと思います。

時空を超えた因縁話、さまざまなリンクがあの世とこの世でなされているのですね。

（二〇〇九年八月二八日）

弟弟子、文都を悼む

弟弟子、立川文都があの世へ旅立ちました。

一緒によく飲み、よく遊んだ仲でした。

最初の出会いは、一九八四年、上野本牧亭。私の勉強会の楽屋に突然現れ、「あのー、談志師匠に入門したいんですけど、どうしたらいいんでしょう?」と明らかに関西のイントネーション。はたして江戸落語をしゃべるにあたって、どうなんだろう、と心配になったのを覚えています。

師匠談志の自宅と、入門願いのタイミングを教え、翌月には、関西弁の落語家が一人誕生しました。

前座名はそのまま「立川関西」。二つ目に「談坊」、真打ち昇進とともに「文都」という名を襲名。

観客を包む柔らかい話芸は仲間の噺家が羨むくらいでした。「東京でもない、大阪でもない、日本中に通じるソフトな言葉で独自の落語をめざす」と精進を重ねてました。

五年前には、一緒に四国お遍路の旅に出ました。

八十八ヵ所中、彼はすでに五十五ヵ所目まで歩いていたのに、私に付き合ってまた一番目から一緒に歩いてくれました。自分に「何でやねん」とツッコミを入れながらも、心から優しい男でした。

まわりに陽気に気を遣いながら、二人になると、「なあ、アニさん、これからどないしたらええと思う?」といつも落語の方向性を模索していました。

日曜日の夕方、NHKラジオでパーソナリティーを務め、それを私は小学生の息子を風呂に入れながら聞いていたものでした。

たまたまカーラジオで耳にした師匠談志が、「おー、こいつ、いいじゃねえか、誰だ?」とそこにいた前座に問い、談坊だと知ると、のちに本人に直接、「あれはいいです!」とほめてくれたそうで、それはもう満面とろけるような笑みで話してくれ、こちらが羨ましくなるほどの喜びようでした。

かかってくる陽気な携帯電話の裏に、五十間近で壮絶に胃癌と闘う姿がありました。

「アニさん、癌の宣告って、ドラマみたいのとぜんぜんちゃうねん。検査が終わって、病院の売店で週刊誌を立ち読みしてたら、先生に後ろから肩たたかれて、家族呼んでください、みたいなもんですよ。全然劇的やあらへん」

何とか最期まで芸人らしく振る舞おうとした彼。

昨日、彼を囲むはずだった津田沼の落語会が、偲ぶ会になってしまいました。

「へへ、びっくりした？　ちょっと嘘ついてましてん」と楽屋に現れ、得意の『壺算』を始めるような気がしてなりません。

そうか、もう文都はいないのか。

お世話になった五代目の円楽師匠にあいさつして、あの世で落語会でも企画してるのかー？

（二〇〇九年一一月六日）

玉置宏館長へのお礼

定期的にほぼ毎月、落語会を開いてきたのは東京と故郷富山、そして横浜にぎわい座です。そのにぎわい座の館長、玉置宏さんの訃報を聞いたときはとにかく驚き、一気に力が抜けました。

つい一ヵ月前、この五年間恒例になっている「大晦日カウントダウン落語会」を終えたばかりだったからです。

横浜にぎわい座芸能ホールに満員のお客様と一緒に「五、四、三、二、一」と唱和が終わり、ラストは館長と私でくす玉のヒモを引っ張り、めでたく二〇〇九年を締めくくり、全員で拍手し、笑い合ったばかりだったのに。

あんなにうれしそうだったのに。

毎月の落語会が終わると、にぎわい座近くのお好み焼き屋の二階で開かれる打ち上げ会場、一番奥のテーブルが館長と私の席でした。そのとき聞いた貴重な芸談は私の宝物です。

ときには、秘蔵のテープを「何かの役に立ててください」と渡してくださり、そのテープにまつわる思い出、当時の演芸界の様子、時代背景をあの玉置節と言われる名調子で話してくださるんですから、この上ない贅沢な時間でした。

今でも、うれしそうに焼酎をちびりちびりと飲む姿が目に浮かびます。

七年間、毎月のようにお会いして思い出は数々ありますが、一番の感謝は、柄にもなく私が芸術選奨文部科学大臣賞なる身に余る賞をいただいたときに、玉置館長がくださった言葉です。

「おめでとう。君はね、初めっから寄席に出ない経歴だから、ひょっとして伝統というものの端のほうにいる、なんて思っていたかもしれないけれど、だとしたらとんでもない思い違いだということを教えてくれた賞なんだよ」

これほどうれしいメッセージはありませんでした。こんなに私のことをしっかり見ていただいていたとは。

落語の粋、情緒をこよなく愛し、落語界の生き字引だった玉置さんに私の落語を認めてもらえたことは、何ものにも代え難い喜び、大恩人です。

芸人が参加するどんなパーティーでも、場がどれほどおちゃらけていようと、最後に玉置さんが立ち、一言発しただけで、場がぐんと引き締まりました。そのパーティーの趣旨がそこで再確認されるという具合でした。

ただ面白い会ではなく、その会に参加した者全員がその意義を新たに思い直したものでした。

司会者とはこういうものか。

今頃は向こうで「極楽名人会」とでも銘打ってさぞやあの見事な名調子を披露される支度を始められているのでは。合掌。

（二〇〇九年二月一九日）

昇太兄さんと城めぐり

人の趣味というのはわからないものです。

私の趣味のゴルフの楽しさが少しわかってくれた春風亭昇太兄さん。今度は私が昇太兄さんの趣味に付き合ってみました。

先日「城を見に行こうよ」と誘われ、そのためならばと、わざわざ私の独演会があった水戸芸術館まで来て、出演もしてくれる熱の入れよう。翌日、車で三十分くらいのところにある「小幡城郭跡」に同行することになったのです。


私の頭の中には、石垣、天守閣、土産物屋、茶店、たくさんの観光客が写真を撮っている姿が浮かんでいました。

ところが、目の前に広がる光景ときたら、田んぼとあぜ道、入り口には立て看板が一枚。奥の方に山を削り取ったような細い道と雑木林があるだけで、閑散としています。

タクシーの運転手さんが場所を間違えたんだろうと思っていたら、昇太兄さんの口から出てきたのは、「すげえ、こんなすごいの見たことない！」という叫び。

そうか、最近あまりに忙しいのでついに壊れてしまったか、と思うほどのはしゃぎっぷりに、私は唖然。

「あのね、志の輔さんが思い描いてる城というのは、ずいぶんあとでできたものなのよ。ここはね、その元になったと言ってもいい、中世城郭なのよ。まだ、石を積むという技術のない時代、三方を湿地帯に囲まれているこの場所にどうやって城を築くか。敵はこの一方向からしか攻められない。だから、泥を両側に積み上げて道を造り、敵が侵入してきたときには、上から攻撃するわけなのよ。これを土塁というのよ。こうすると、敵はここしか通れなくなって、土塁の上からいっせいに攻撃できるっていうわけ。敵はどんどん侵入しているつもりでも、結果、どんどん追い込まれてるってわけ。いったい、どれだけの人数で何百日かけてこれを造ったのかと想像するだけで、ゾクゾクしてくるんだよー」

言われてみればそうだなと、私もだんだん納得し、一緒に興奮モードに。

「だから、ほら、城という字は、土ヘンに成るって書くでしょう？」

さあ、こうなると、昇太兄さんの熱い解説を聞きながらまわる城の跡地の楽しいこと。

雑木林にしか見えなかった場所に、櫓や本丸、敵の侵入を待ち構えている武者たちまでが見えてくるような、っていうのが決しておおげさじゃない。
畝状竪堀、武田の三日月堀、北条の障子堀、……専門歴史用語が次から次へと飛び出す名ガイドのおかげで、出口に着いたときはものすごいものを見た満足感があり、昇太兄さんが高校時代からの趣味という、「城めぐり」の楽しさをガッテンした次第です。

（二〇一〇年四月三〇日）

師匠談志との思い出エピソードワン

まったく実感のないまま、亡き師匠について取材を受けている自分が不思議です。いつ突然、「ああ、来てくれ」と電話がかかってこないともかぎらない、と待機してるような毎日です。

弟子入りしなければ決して体験できなかった、天才との思い出、まずはエピソードワン。

あれは、入門して三ヵ月した頃、師匠談志を助手席に乗せて運転していました。「急いでくれ」と言われた私は思いっきりアクセルを踏み込みました。予想どおり、後ろからやってきた覆面パトカーのスピーカーから、「前の車、側道に止まりなさい」。

で、停車。

「師匠、すいません。スピード違反してしまいました」

「わかった。明日、俺が何とかしてやる」

どうするんだろ？

翌日、師匠が言いました。

「知り合いの偉い国会議員がいる。元防衛庁長官だ。それに頼んで、その違反だか何だか知らないが、元に戻してもらうから心配するな」

師匠の案内するところまで行くと、「ここがその議員の事務所だ。お前の免許証と違反の切符を持っていってこいってことだから」。私からそれらを受け取り、建物の中に消えていきました。

一時間後、出てきた師匠は、「大丈夫だ、処理してもらったから」。

ところが二週間後、「免停の通知書」がしっかり届きました。

師匠に、「すいません、警察から免許停止の案内が来ましたので、師匠の送り迎えにちょっと差し支えが出ますので」。

「じゃあ何か、処理されてなかったのか?」

「そういうことになります」

「冗談じゃない、電話してやる」

その場で、元防衛庁長官の事務所に電話。

「ああ、談志ですが、ああ、秘書くんかい、あの例の弟子のスピード違反の件だけど、処理してくれたんだよね。ん、ん、ん、ん」

あまりよくわかっていない師匠に、罰金の支払いではなく、点数を引かれるのが困ると告げると、「点数を元にもどしてやってくれ。頼むよ。えっ？　できない？　何で？　コンピュータに入っちゃったからだめだ？　そこを何とかしてくれよ」

最後に吐き捨てるように放った言葉がすごかった。

「議員が帰ったら言っておけ。元防衛庁長官が、スピード違反一つもみ消せなくて、国が守れるか」

師匠の前で、思わず私は声を上げて笑ってしまいました。法律は変わらないが、溜飲は下がりました。

入門して私が受けた「天才からの洗礼」一つ目でありました。

合掌。

（二〇一一年一二月二日）

談志からたけしへの委任状

もう二十八年前のことになります。師匠談志に入門して一年経ったある日のことでした。練馬にある師匠の自宅で、ともに前座修業をしていた兄弟子が突然、「俺、落語家やめるわ」と言い出しました。

その場にいた、まだ二十代だった私と他の前座三人は啞然。

たしかにその兄弟子の前座修業は身が入っていないように見えましたが、しゃべりにセンスがあったので、今、辞めるのはもったいないんじゃないかという声も出ました。しかし、兄弟子の決心は固く、これから談志にそのことを告げる覚悟だと言います。

「師匠談志のところを辞めて、たけし師匠のところに行こうと思ってるんだ」

たけしとはもちろんビートたけし、北野武さんのことです。

これも師匠に話すと言うので、ただ辞めるでいいんじゃないか、どうしてわざわざヨソへ行きたいと告げねばならぬのか、と全員で止めたが、「だって、そのほうが行きやすいから」という何だかよくわからない答え。

兄弟子が師匠談志のいる書斎へ向かう。

私たち前座四人は、漫画のヒトコマのように隣の部屋のドアの隙間から顔を並べてドキドキしながら事態を見守りました。

机に向かって原稿を書く師匠。

机越しに正座した兄弟子。

「師匠、辞めようと思うのですが」

「辞めたいのか。辞めてどうするんだ?」

「はい、たけし師匠のところに行こうと思います」

「たけしの弟子になりたいってのか?」

書斎の空気が凍りつきました。

師匠の椅子の後ろには大きな書棚が並び、本と一緒に並ぶ高級な洋酒。

後ろ手にその中の一本、オールドパーの瓶の首根っこを右手で握ってさかさまに持ったのを目撃したときは、あ、兄弟子は殴られるんだ! と覚悟しました。

と、師匠は机の上にあった名刺をセロテープでボトルの正面に貼りつけて言いました。

「これを持ってたけしのところに行きな。これをもらったらお前の申し出を断れないだろうから」

事態をうかがっていた私ら前座全員は崩れ落ちました。

その後、言われたとおり洋酒を持ってたけし師匠に入門した兄弟子は大活躍。ただしもらった芸名がフンコロガシ。

が、談志の許しを得て、その後、芸名だけは元のダンカンを名乗っています。

（二〇一一年一二月九日）

心にしみる多喜雄節

民謡歌手の伊藤多喜雄さんに初めて出会ったのは、私が落語家になってすぐの頃、三十年前のことでした。

演芸プロデューサーの木村万里さんの紹介でした。何で、俺、民謡歌手と会うんだろう？と思いながら、指定された新宿の居酒屋に行きました。

初対面にもかかわらず、乾杯とあいさつもそこそこに、私は、それまで抱いていた民謡に対しての失礼なイメージをしゃべり、多喜雄さんは多喜雄さんで、落語に対するつまらなさについてかなりのことを述べました。

早い話が、あまりいい思い出の初対面ではなかったと記憶しています。

それが、本牧亭の独演会ゲストや、二つ目昇進披露独演会の打ち上げ、真打ち披露パーティー、月に一回十年続けた新宿の独演会ラストのロビーで歌ってもらったりと、何かにつけてお世話になってきました。

ご本人いわく「民謡界のアウトロー」として、常に斬新な民謡を世に送りつづけ、紅白歌合戦には二度出場、見事な多喜雄節を聴かせてもらいました。

先日、その多喜雄さんと、岩手県の野田村と久慈市でライブを行ってきました。そこは、やはり東日本大震災で大きな被害が出たところで、多喜雄さんのお姉さんの嫁ぎ先という縁で、震災以来ずっと支援を続けているそうです。

昼に野田村、夜は久慈市で、大勢の方が多喜雄さんの民謡に酔いしれました。圧巻は、会のエンディングで多喜雄さんのソーラン節に合わせて、地元の中学校の生徒五十人が踊る「よさこいソーラン」。ステージの袖で見ていると、涙で彼らの姿がぼやけてきました。そのあと休憩を挟んで、落語を。普段と違うここでしか味わえない、格別な笑いの波が押し寄せました。その笑いの渦の中に私自身もいることが、本当にうれしかった。

打ち上げで、「たいしたものはございませんが」と出された、地元で獲れた新鮮な魚の数々も格別。移動の際に主催者の方がこっそり教えてくれた多喜雄さんの支援ライブ、「えっ!」と驚くような救援物資のこと、書きたいけれど、たぶん、多喜雄さんは望んでいないと思うので控えます。

つくづく、こういう心の底から湧いてくる思いが、多喜雄節の元になっているのだなあと思いました。

（二〇一二年七月一三日）

森光子さんに感謝

今や、NHKの長寿番組になった『ためしてガッテン！』ですが、科学健康番組として始まった当初、司会としてどんな具合に進めればいいのか、迷うことの多い日々でした。

楽屋で着替えながら、初めて会う方々に司会者としてどう話を振ればいいのか、堅すぎてもいけない、柔らかすぎてもいけない、その案配を決めかねる緊張の時間を過ごしていると、楽屋のドアをトントンとノックする音。たぶん弟子だろうと、「あいよ」と返事をしながら開けると、何とそこに森光子さんが立っていらしたのです。

いやはや驚いたの何の。

どう考えたって、あちらはゲスト、しかも大女優さん。こちらからごあいさつに伺うのが筋です。

ひたすら恐縮してしまって頭を下げるしかありませんでした。

初めて目にした森光子さんの第一印象は、ホントにきれいな人！

オーラという言葉が陳腐に思えるほど、体全体から日本の美と存在感がにじみ出ていました。

そんな森さんに、番組のレギュラーゲストとして二年間に百回近くお越しいただいたのです。毎週毎週、今度こそこちらから先にごあいさつを、と思いながら、ほとんどは森さんが先にという結果になってしまいました。

気遣い、心配りの塊、心底からの思いやりが身についていてらしたのです。

二千回以上続いた『放浪記』を見せていただいたときも、マネジャーさんから休憩時間に楽屋へどうぞと誘っていただき、訪ねると、舞台のあのパワーがこの小さな体のどこに蓄えられているんだろうと思わせるほどのか細さ。かわいらしいピンクのガウンに包まれた大女優は、疲れも見せず一人一人に丁寧にごあいさつされるのです。

マネジャーさんに、どうして終演後じゃなく休憩中に？　と尋ねると、すべての方とゆっくりお話がしたいので、終演後だけだとごあいさつに訪れる方が多過ぎて間に合わないから、とのことでした。

森さんは喜劇役者としても素晴らしい方でしたが、ダジャレも大好きで、「さて、森さん、今週のテーマは野菜なんですが」「あのね、わたし野菜大好きですよ、名前が森ですからね、モリモリ食べるのよ」。リアクションに困る私。大笑いのスタジオ。毎回、森さんの緊張をほぐしてやろう、という気遣いに感謝がいっぱいでした。

もう一度お会いしてお礼が言いたかった。

ありがとうございました。


（二〇一二年一一月一六日）

勘三郎さんからの電話

いつも誰にでも満面の笑みで話しかけていた場面しか思い浮かばない、中村勘三郎さん。師匠談志と近しい間柄だった勘三郎さんに、私が初めてきちんとお会いしたのは昨年の一二月二八日。まだ一年もたっていないのです。

弟弟子の談春が企画してくれたゴルフコンペで、半日ご一緒しました。

耳の病気を克服、大好きなゴルフが再開できた、お祝いの場でもありました。まだまだ本調子ではなかったでしょうに、豪快に笑い、それはそれは楽しそうなゴルフでした。

勘三郎さんがいると、大きな花が咲いてるようで、あたりが一気に華やかになるんです。

帰り際、「これ、僕の携帯番号なので、よろしくね」とさっとメモを渡してさっそうと去って行く姿は、まさに粋な江戸っ子でした。

三月一八日、浅草で平成中村座公演を見て、楽屋にお邪魔すると、エネルギッシュな舞台のあとにもかかわらず、笑顔全開。

でも、やはり具合が悪かったのでしょう。「誰か、いい（体を診てくれる）先生知らない？」という会話になり、たまたま知ってた先生を紹介すると、後日わざわざ電話をくれて、「あのね、志の輔さんに紹介してもらった先生、僕に合うみたいよ。ありがとう」、と。

ガン治療で入院していた六月二一日には、名古屋公演の楽屋に電話がありました。「ねえ、病室退屈なんだよね。医者がね、笑うといいっていうから志の輔さんのCD買おうと思うんだけど、どこに売ってるの？」と茶目っ気たっぷりに。

「電話でまで笑わせなくていいんですよ」と答えて、CDやDVDを送ると、「ありがとう、毎日笑ってるよ」とお礼の電話。

人を喜ばせるのが心から好きな人でした。

七月九日、私の成城ホール公演のときには切ない電話が。

「実はね、今月二七日に手術することになったんだよ。けっこう大きな手術みたいなんでね」と重大なことを努めて明るく話す声に、私が、「先週、松本の公演に行ったとき、息子さんの勘九郎さんの『天日坊』の垂れ幕が街中にはためいていましたよ」と言うと、「そうなの？せがれもがんばってるな」とうれしそうに。

その数日後、ワイドショーで「松本公演千秋楽勘三郎飛び入り出演」。舞台でお礼のあいさつをしてる姿が！　我が目を疑いました。

当然、手術後も元気な声で電話がかかってくるのを待っていました。

今も待ってます。

日本中で、「ヨッ！　待ってます！」


（二〇一二年一二月七日）

安部公房の不条理感にあこがれて

一ヵ月間、どこへも行かずにずっと東京にいる恒例の一月が過ぎようとしています。楽屋に居つづけの渋谷パルコ劇場公演も、八年目。「まだ、こんなにあるのか」から「もう、これだけしかないのか」に気持ちが変化する一ヵ月。

今回も、新作を一席含めた全三席というプログラムですが、私が新作をつくるようになったきっかけに、没後二十年の作家、安部公房さんの存在があります。

大学に入学し富山から上京、初めて見た演劇が、仲代達矢さんと山口果林さん出演、安部公房作『友達』だったのです。

場所は、西武劇場。そう、今のパルコ劇場なのです。

大学を卒業後に入った劇団の養成所の卒業公演も、安部公房作『友達』。戯曲の意味がよくわからないまま演じた父親役。

そして、落語家になって五年目、青山で安部公房作品の落語化という、とんでもないことを思いついたのです。

ある日、玄関に「私は宇宙人なんですが」と若者が訪ねてくる『人間そっくり』と、ある日の夕方、いつものように会社から帰る道すがら、自分の体が、まるで毛糸がほつれていくように足下からほどけていく『赤い繭』の二席。

面白い原作なので、ぜひ、読んでみてください。

今もちゃんと理解したとは思っていないのですが、当時はもっとあやふやにしか安部公房の世界がつかめていなくて、ましてや文学作品を落語化するなどという無謀な試みがうまくいくはずもなく、多くのスタッフに迷惑をかけました。

でも、でも、「志の輔らくご」が通らなければならなかった道だった、と思うのです。だって、あの不条理感を落語エンタテインメントとしてつくりあげられたとしたら、素敵だとは思いませんか？

いつかこの独特な世界を落語に入れ込めたらなあ、と。

今回、落語家生活三十周年を記念して、新作落語を中心に「志の輔らくご新作ＤＶＤボックス」をつくりました。

よくぞこれだけいろんな作品をつくってきたなあ、と手前味噌でも感慨ひとしお。でも、この裏には何十倍の失敗作品があるのです。

成功へ導いてくれたそれらの愛しい作品群は、陰の功労者。

そっか、今度、失敗作品を集めてＤＶＤつくっちゃおうかなあ。自分のために。

（二〇一三年一月二五日）

「毎日新聞」社長さんからの手紙

いよいよ明日！　がパルコ一ヵ月公演の最終日。

泣いても笑っても今日と明日の二回で終わり。

五十代、月日に比例して体力の変化を感じつづけた八年間でもありました。特に、今回の新作落語のテーマが月日の不思議を探った「旧暦」であったことも、感慨を深くしている理由でしょう。

毎年、正月なしでひた走ってきましたが、旧暦で言うと二月一〇日がお正月。

沖縄では、一月一日よりも旧正月のほうをよほど大事に祝っていると聞きました。私も、旧暦で年の初めを祝おうかな。自然の摂理にのっとった旧暦のほうが体の自然にあっているはず。

さあ、もう新作落語の内容を言ってしまってもいいでしょう、タイトルは『質屋暦』としました。

明治五年一二月三日をいきなり明治六年の元日にした政府の大英断、突然の旧暦、新暦、改暦に際して起こる庶民の騒動。

これを、毎日新聞社の朝比奈社長が見に来てくださいました。

で、こんな面白いお手紙をいただきました。

「毎日新聞社は明治五年の二月二一日に東京日日新聞として創刊しました。昨年は百四十年の感謝の集いも行いました。大隈重信は大正期の印象が強く、明治初期に赤字財政克服のための突然の改暦を断行したとは、頭から抜け落ちていました。今年も二月二一日の創刊記念日には紙面で特集を組むつもりなのですが、太陽暦に換算すれば三月二九日になるわけですね。また資生堂、国鉄、東京国立博物館も明治五年スタートですが、記念日は新暦か旧暦かで、だいぶ日にちが違ってきますよね」

ありがとうございました。

実は、しゃべっている本人自身も、当初は改暦に関してよくはわからず、日々皆さんに説明するうち、徐々に腹に落ちていったという感じです。

そうだ、改暦のことをもっと詳しく調べてもらって、二月二一日創刊記念日第一面の「余録」に書いてもらうってのはどうでしょう?

『質屋暦』を聴いてもらえなかった皆様にも、同じパルコ演出は無理ですが、どこかで聴いていただけたら、と思っています。

ダイナミックな経済の変化の期待と不安が渦巻く中、もう明治五年にびっくりの改暦を断行したという事実。これを見事に乗り越え、おおらかに生きてきた日本人。

大いに笑って、肩の力を抜いて、今年を乗り切るはずみがつけば幸いです。

（二〇一三年二月一日）

俳句で遊ぶ人たち

いま、俳句人口は相当なものと聞いております。

与えられた季語を入れて、制限時間内に一句詠むなんて、私ならとてもじゃないけど、「もし浮かばなかったらどうしよう」という不安が先にたってしまいますが、こんなことを二十年も続けている句会があります。その名も「駄句駄句会」。

この句会のメンバーがすごい。

山藤章二先生が宗匠を務め、放送作家の高田文夫先生がいるかと思えば、作家の吉川潮先生、落語家では兄弟子の立川左談次師匠や、林家たい平さん。

俳優でもありテレビでは鋭いコメントを発する松尾貴史さん、ジャズ歌手・笈田敏夫の息子の島敏光さん、短歌人の藤原龍一郎さん、師匠談志とも友達だった野末陳平先生。

なぜかいつもペンギンを抱え写真を撮る、実はガラス屋の主人・高野ひろしさん、寄席文字書きの橘右橘さん、落語会をプロデュースする木村万里さんら。

知り合いらが参加するこの句会のことは、ちらほら聞いてはいて、「実際はどんなことをやっているんだろう」と思っていたら『駄句だくさん』という本が送られてきました。

右ページには、山藤章二先生の手で色紙に書かれた一句。左ページにはその句を読んだ感想を、句会同人が「ああだ、こうだ」としゃべっているのですが、これがとてつもなく面白い。

話芸の達人たちが、俳句にツッコミを入れるとこうなるのか。

ページを開くと、最初に目に飛び込んで来るのは、

「落花生　老婆の口に　三時間」

兄弟子左談次師匠の、何ともユーモアにあふれた一句です。

この句を「名駄句だ」と宗匠がほめれば、すかさず「メイダク防止条例」と、ダジャレを飛ばす高田先生。「この老婆は死後かも」「なら、歯じゃなく土手で噛んでいたのでは」と、会話が弾んでいきます。

全編この調子で、「ああ、何て豊かな人たちなんだろう」と心底、羨ましくなりました。

それぞれの分野で、ちゃんとした仕事をしている一流の人たちが時間をやりくりして集い、ばかを言い合う。まるで落語の熊さん八つぁんのように。

そうか、「俳句と聞いて、風雅を詠まなきゃ」と肩肘を張ることはないいんだなぁ。句を媒介

にして、遊べばいいんだなぁ。一気に俳句の敷居が低くなりました。

楽しきゃいいんだ。

「老後」じゃなくても、こういうゆとりのある時間を持ちたいものです。

（二〇一三年四月一九日）

茂山千作先生、安らかに

大往生で、狂言の茂山千作先生がお亡くなりになりました。

落語と狂言。一見、交流がなさそうに見えるでしょうが、そこは同じ笑いを表現する古典芸能として、狂言をとても尊敬しておりました。

初めて京都御所の近くにある茂山家へ伺ったのは、二〇〇四年九月九日のことでした。

というのも、この年の一月から「満月の会」と称して、青山にある能舞台で茂山家の皆さんと落語と狂言のコラボレーションの会を始めたからなのです。

毎月、満月の日に開かれる会で、一二月には念願かなっていよいよ千作先生をお迎えすることになったのです。

「ガッテンいうのを、いつも見ていますよ」

穏やかな語り口でおっしゃりながら、それはおいしそうにたばこをくゆらし、素敵な笑顔から楽しい話がたくさん飛び出しました。

このときは『満月の笑い』という本の出版準備も兼ねていたので、京都御所の中庭で撮影させてもらった何枚かの記念写真は、一生の宝物になりました。

千作先生は終戦直後、このままでは狂言は滅びてしまうと道具一切を軽トラックに積み込み、自らの運転で全国の学校を回り、子供たちに狂言の楽しさを見せつづけたそうです。息子や孫も含めて多くの弟子、後継者を育て、他のジャンルと積極的に交流、共演、狂言の「おかしみ」を伝えつづけた方でした。

千作先生が舞台に登場した瞬間から、客席と舞台全体が緩むのです。

至芸とはこのこと。「幸せ」を運んでくる人。

こんなエピソードも。

出番が近くなった能楽堂の楽屋。千作先生演じる山伏役の衣装の一部が見当たらない。額につける「ときん」がないと、話が前へ進まない。さあ、大変、一同真っ青。

すると、千作先生、インスタントコーヒー瓶の黒いフタに目をつけた。「誰か、これにひもつけてえな」

なんと、ひもをつけたネスカフェのフタを額にくくりつけ、何くわぬ顔で静々と登場。

まさか、そんなものを額にくくりつけているとは思いもしないお客様。

何事もなく狂言は、笑いのうちに終わりました。

このとっさの機転、おおらかさ、しゃれっ気、ゆとり、何よりもサービス精神。まさに人間国宝。狂言の神様から選ばれた方。

二三日、九十三歳で旅立たれましたが、あの世でまたいたずらっぽい笑顔でこの世を見てらっしゃることでしょう。

（二〇一三年五月二五日）

天野祐吉さんと世間話

落語のよき理解者であった天野祐吉さんが、この二十日に旅立たれました。

落語の、技術論でもなく作品論でもなく、演者論でもなく、みんなにひらったい言葉で落語の世界の豊かさを紹介する役を担われ、ついにはご自身がずっと憧れていた「御隠居さん」になられました。

隠居になるための作法を学ぶ、隠居大学まで始められたんですから。

時代の先取りをすることにかけては、最前線の広告を扱う『広告批評』という雑誌をつくり、その後は正岡子規記念館館長、名誉館長になり、錚々たるメンバーで「子規亭　新・道後寄席」も始められ、中身は講演、落語会、対談と魅力的な空間をプロデュースされていました。

十年間、毎年独演会を開催してくださり、そのたびに対談もしていただきました。

師匠談志が落語協会を出たこともあり、さまざまな試みをしてきた私の落語を温かく見守ってくださった方でもありました。

そうそう、あれは一九九七年の一一月に毎日新聞東京本社の地下ホールで天野さんとの対談付きの落語会をしたことがきっかけで、共著『話の後始末』という本も出してくださいました。そのあとがきが素晴らしかった。

私の落語のマクラを「いつも今を呼吸している」とほめてくださり、「芸人は、この世で最も活きのいいジャーナリストでなければいけない」と激励してくださいました。なぜなら、「主に江戸が舞台である落語は世にもおかしな宙づりの世界。この世界に入っていくためにはマクラという助走路が必要なのだ」と。

で、「この本は志の輔さんとの世間話である」と。

ここで天野さんは、「今、世の中から世間話がなくなってしまっている」と嘆き、「いっとき、テレビのワイドショーが世間話の場になっていたように見えている時期もあったけれども、いまはワイドショーからは世間話が見えなくなった」と。

「人と人は世間話でつながっているんじゃないかと思っているぼくにとってこれはユユしき事態である。やっぱり世間話は、サイコーのヒマつぶしであり、究極のレジャーであって、それがない世の中はひどくギスギスしたものになってしまうと思うのだ」と書き、最後をこう締めくくられています。

「またどこかで会って、世間話をしましょう」

今年三回忌を迎える師匠談志とも、今ごろ世間話をされていることでしょう。

ヨッ、最高のご隠居！

（二〇一三年一〇月二五日）

読んでいただき感謝、という名のあとがき

読み終えられましたね『志の輔の背丈』。といっても、あとがきから読み始める方もいるそうですが。ほら、あなた！

時代を超えても、通じる心情、変わらぬ日本人の姿って感じでしたか？

江戸時代の庶民の姿を描く落語で、今も笑える私たち。

特に、3・11以降は、人のつながりが重視され、人と人との関係性、上手な付き合い方を教えてくれる落語が隆盛になっている気がします。歴史上、今、落語家の人数が最大になってるなんてね。

そもそも落語とは、私がしゃべったことを、お客様がそれぞれの頭の中に思い思

いの絵を描いていただくことを大前提に、お客様に頼りきってる芸能。こんな虫のいい芸能はないなと思います。

だからこそ、思い描いてもらいやすい空間をつくることが、まず私にとって大切なことでした。

できる落語の数を増やすこと、落語が言いたがってるテーマを見つけること、全体の解釈、登場人物の性格づけ、現代との接点、構成などなど、作品をいかに深く広いものにできるかももちろん大事なのですが、受け取るお客様がいかに頭に絵を描きやすい空間をつくれるか。

いわゆる落語を聴くのに最も適した「寄席」という場所と違う空間を探しに出かけた立川流の私たち。

そして、今度は逆に、新たな空間に適した落語をこしらえざるをえず、その面白さにハマった私。

師匠談志が落語協会から出て、寄席知らずの落語家第一号になった私。お客として行ったことはありましたが、落語のプロを目指してまだ見習いだった頃、末広亭へ、師匠の鞄を持っていったのが、唯一の寄席体験。

幸か不幸か、富山育ちですし、寄席というものにそれほど執着がなかったせいかおかげか、新たな空間、落語づくりに取り組めたのかもしれません。

銭湯、蕎麦屋、居酒屋、ライブハウス、小劇場……座布団一枚でしゃべれるところならどこへでも出かけていきました。

そのつど、この空間には何が似合うだろう、もっと面白くするにはどうしたらいいのだろう、まちまちな客層、会場を前に工夫を続けていくのは、苦しいけれど楽しくもありました。

そして、渋谷パルコ劇場で公演を打てるようになった頃、師匠談志は言いました。

「どこでやろうが、俺のやってるとこが神殿なんだ」

うわー、そう言われちゃったら、私の苦労は何だったの？

師匠の自負、自信。

「もう一人の俺がいるんだよ」

と聞いた当時は、何てキザなとも思いました。

でも、最近、師匠の言ってたことがほんの少しわかってきだしたのです。

毎回、落語をやるたびに、もう一人の自分が勝手に動き出してしゃべりはじめます。あれれ、今日の番頭はいつもと違うぞ、今日の旦那はずいぶんキツイなあ、今日のおかみさんはえらくかわいい、などなど。

座布団と客席の間に置く扇子。これは演者とお客を隔てる一線です。

私はずっとこの線を越えて、お客様と会話し、お客様が帰らないように腕をつかんで離さないようにしていました。それが、お客様の想像に頼る芸能の姿だと思っていました。

ところが、還暦を過ぎた頃からでしょうか、落語の中の権助が私を置いて勝手に遊びだした瞬間がありました。こうなると次から次へ、他の人たちも自由自在に動きだしたのです。

おいおい、そんなこと言えって言ってないよ、こないだはそうじゃなかったじゃん、って。

これって、師匠が言ってた「イリュージョン」の入り口の入り口？

こうなると、落語をやるたびに、今日はいったいどうなるんだろうと私自身が楽しみになりました。

毎日同じ話をしててよく飽きませんね、と言われるのですが、こんなですから、飽きませんとも！

どんどん面白くなってるこの頃です。

冷静に考えれば、師匠が亡くなる年齢まであと十年。

談志がたった一人でカメラを相手に『居残り佐平次』をしゃべったＤＶＤが残っています。

扇子のこちらと向こうを隔てた一線があるからこそ、こちら側の落語に、お客様も気にせず自由に入っていけるのでしょう。

私は、まだまだそんな境地にはなれませんが、いつかはそうなるのでしょうか。

いつだって途中経過。

北海道から沖縄まで、地元の方々が心待ちにしてくれる定例の落語会、都内の各所では会場に合わせてつくりあげた志の輔らくご、海外で日本を誇れる芸能としての落語会、イベントっぽいものからライブ感覚のものまで、これからも日々、気持ちを新たに落語に向き合っていきたいと思います。

私も変わる、お客様も変わる、けれど私もお客様も変わらないものを追い続けてまいりたいと思いますので、いつかどこかでまたお会いできることを楽しみに。

二〇一六年七月

立川志の輔

本書は、毎日新聞東京版連載「ピーピングしのすけのふしあなから世間」（一九九六年六月七日～二〇一四年三月二八日）の中から選んだコラムに加筆修正を加え、単行本化したものです。

著者プロフィール

立川志の輔（たてかわ・しのすけ）

一九五四年、富山県生まれ。落語家。明治大学在学中は落語研究会に所属。卒業後、劇団、広告代理店勤務を経て、一九八四年に立川談志門下に入門。一九九〇年、落語立川流真打に昇進、現在に至る。受賞歴も多数。全国各地での落語会の他、「ガッテン！」（ＮＨＫ）をはじめテレビ・ラジオのパーソナリティーとしても活躍中。

志《し》の輔《すけ》の背丈《せたけ》

印刷　二〇一六年八月二五日
発行　二〇一六年九月一〇日

著者　立川《たてかわ》志《し》の輔《すけ》
発行人　黒川昭良
発行所　毎日新聞出版
〒一〇二-〇〇七四
東京都千代田区九段南一ノ六ノ一七　千代田会館五階
営業本部　〇三-六二六五-六九四一
図書第二編集部　〇三-六二六五-六七四六

印刷・製本　中央精版印刷

ISBN 978-4-620-32324-4